Christine und Michael Hlatky

Am rot-weiß-roten Jakobsweg
Pilgern von Wien nach Feldkirch

AF130948

Christine und Michael Hlatky

Am rot-weiß-roten

Jakobsweg

Pilgern von Wien
nach Feldkirch

VERLAG ANTON PUSTET

Impressum

Bibliografische Information der Deutschen Nationalbibliothek
Die Deutsche Nationalbibliothek verzeichnet diese Publikation
in der Deutschen Nationalbibliografie; detaillierte bibliografische
Daten sind im Internet über http://dnb.d-nb.de abrufbar.

© 2022 Verlag Anton Pustet
5020 Salzburg, Bergstraße 12
Sämtliche Rechte vorbehalten.

Grafik, Satz und Produktion: Tanja Kühnel
Lektorat: Anja Zachhuber
Druck: FINIDR, s.r.o.
Gedruckt in der EU

ISBN 978-3-7025-1044-2

Auch als eBook erhältlich
eISBN 978-3-7025-8097-1

Alle Routenbeschreibungen sowie die Karten
wurden nach gründlicher Recherche und aktuellem
Wissensstand (April 2022) erstellt. Eine Haftung
für die Richtigkeit der Angaben wird nicht übernommen.
Die Verwendung dieses Wanderführers erfolgt
auf eigenes Risiko und auf eigene Gefahr.

www.pustet.at

Inhalt

1519121

Einleitung

Beim Wort „Jakobsweg" denken Sie sicherlich an Santiago de Compostela und den Camino Francés durch den Norden von Spanien. Dass es ein Wegenetz quer über den europäischen Kontinent gibt, von Norwegen, England, Polen, Deutschland, aber auch durch und von Österreich sternförmig (compostela = Stern) nach Santiago ist weniger bekannt.

Dabei brauchen sich die Jakobswege in Österreich nicht zu verstecken; es gibt zwei: den Nordweg – beginnend schon an der slowakischen beziehungsweise tschechischen Grenze nach Wien weiter durch den Wienerwald, die Wachau, das oberösterreichische Seengebiet, Salzburg, Innsbruck, über den Arlberg nach Feldkirch an der Schweizer Grenze – und den Südweg über Graz, Slowenien, Klagenfurt, Lienz, Südtirol und über den Brenner nach Innsbruck, wo sich die beiden Wege wieder vereinen. Landschaftlich abwechslungsreich, ausreichend markiert, weniger frequentiert und keine sprachlichen Barrieren sind nur einige Vorteile, wenn man den Pilgerweg in Österreich beschreitet. Preislich, das sei auf jeden Fall hier erwähnt, ist der Jakobsweg in Spanien deutlich günstiger, was Verpflegung und Unterkunft betrifft. Pilgerunterkünfte in Klöstern und bei Pfarrhöfen gibt es nur sporadisch, man ist in Österreich überwiegend auf Pensionen, private Zimmervermietungen, Gasthäuser und Hotels angewiesen. Es gibt, anders als in Spanien und Portugal, leider noch keinen organisierten Weitertransport des Gepäcks, dafür fehlt einfach noch die Anzahl der Pilger. Man muss daher die gesamte Ausrüstung jeden Tag am Rücken mittragen, wobei man Fehlendes in den größeren Städten ergänzen kann. Das Wetter unterscheidet sich im Sommer in Österreich nicht wesentlich von Galicien oder der portugiesischen Küste – da gibt es zumeist dieselbe Regenwahrscheinlichkeit wie in Österreich.

Die Covid-19-Pandemie hat es uns leider nicht möglich gemacht, nach dem Camino Francés und dem Camino Portugues auch den Camino del Norte entlang des Golfs von Biskaya nach Santiago zu pilgern. Wir haben uns daraufhin entschlossen, im Frühsommer 2021 den Jakobsweg von Salzburg über Innsbruck und den Arlberg bis nach Feldkirch zu wandern und im Herbst 2021 den Weg von

Wien nach Salzburg zu vollenden. Das sind pro Teilstück rund zwei Wochen, und wir haben die Entscheidung, den Jakobsweg in Österreich zu gehen, nicht bereut. Ganz im Gegenteil! Es war ein ganz besonderes Erlebnis, in heimatlichen Gefilden zu pilgern.

Der Nordweg des Jakobsweges in Österreich ist von der Frequenz der Pilger her in keiner Weise mit den klassischen spanischen Pilgerwegen nach Santiago zu vergleichen, als Geheimtipp kann man ihn aber auch nicht mehr bezeichnen. Die Wege sind gut und ausreichend markiert, folgen über weite Strecken dabei bereits bestehenden gekennzeichneten Weitwanderwegen, regionalen Ausflugswegen oder Radwegen. Rund 50–70 % und auf einzelnen Etappen noch deutlich mehr führen dabei über asphaltierte Nebenstraßen oder Radwege, der Rest sind Feldwege, Waldwege und nur ganz wenige steile Bergsteige wie beispielsweise über den Arlberg und die Königsetappe in der Wachau am Welterbesteig.

Es gibt in Österreich keinen „offiziellen" Jakobsweg, vielmehr haben sich im Laufe der Jahre verschiedene Wegvarianten herausgebildet, vorbei an Kirchen, Klöstern und Bildstöcken, zumeist entlang schon seit Jahrhunderten bestehender Transportwege, vorwiegend im Umfeld der großen Flüsse. Da die Markierung in Städten wie Wien, Salzburg oder Innsbruck nur rudimentär vorhanden und das „Hatschen" auf Asphalt durch die Städte nicht immer angenehm ist, führen wir hier Möglichkeiten an, die Städte mit öffentlichen Verkehrsmitteln zu durchqueren, um das Wandern durch die Landeshauptstädte etwas zu erleichtern.

Zu jedem Jakobspilger gehört neben der Jakobsmuschel am Rucksack der Pilgerpass, den man bei den einschlägigen Stellen – siehe Kapitel „Tipps und Vorplanung" – bestellen kann. Pilgerstempel sind zumeist in den Kirchen und Klöstern vorhanden, vereinzelt auch in Hotels. Eine Pilgerurkunde wie in Santiago erhalten Sie natürlich nicht, aber als Erinnerung und zum Nachvollziehen ist der Pilgerpass sehr gut geeignet.

Wir wünschen Ihnen mit dem Gruß der Jakobspilger einen guten Weg, buen camino!

Christine und Michael Hlatky
Vasoldsberg, März 2022

Eine kurze Geschichte der Jakobswege

Viele Menschen verbinden mit dem Jakobsweg die Pilgerreise durch Nordspanien in den Wallfahrtsort Santiago de Compostela in Galicien. Das ist aber nur ein Teil der Geschichte, zieht sich doch ein Wegenetz an Jakobswegen über den gesamten europäischen Kontinent: von Norwegen, England, Frankreich, Deutschland, Russland, Polen, Ungarn, Tschechien und der Slowakei. Viele dieser Wege führen nach Santiago de Compostela beziehungsweise verbinden sich mit den großen Hauptwegen, dem Camino Francés und dem Camino del Norte. Selbst auf der Kanareninsel Gran Canaria gibt es einen zweitägigen Jakobsweg, auf dem man die Insel durchqueren kann.

Wie kam es überhaupt zu diesem Aufschwung des Pilgerwesens zum Grab des Apostels Jakobus? Historisch betrachtet gibt es Aufzeichnungen darüber, dass Jakobus der Ältere – der Lieblingsjünger Jesu – als einer der ersten Märtyrer in Jerusalem hingerichtet wurde. Nach seinem Tod brachten der Legende nach zwei seiner namentlich bekannten Gefährten den Leichnam mit dem Schiff nach Spanien in den Hafenort Padrón (Iruna) und von dort auf der Römerstraße Nr. XIX nach Santiago. Dann geschah lange Zeit nichts, bis es im 9. Jahrhundert durch die tatkräftige Mithilfe des Bischofs Theodomir (gest. 847) zu einer Wiederentdeckung kam. Sehr bald verbreitete sich die Kunde von der Grabstätte des hl. Jakobus in der Christenheit, und als zur Zeit der Kreuzzüge die Pilgerfahrt nach Jerusalem mit der Eroberung Jerusalems durch Saladin am 2. Oktober 1187 nur mehr eingeschränkt möglich war, entwickelte sich Santiago neben Rom zum Zentrum des mittelalterlichen Pilgerwesens.

Das Grab des Bischofs Theodomir wurde übrigens im Jahr 1946 bei Grabungsarbeiten ganz in der Nähe des Apostelgrabes in Santiago entdeckt. Womit zumindest die Zweifel an der Existenz des Bischofs ausgeräumt wurden. Nicht jedoch beseitigt werden konnten bisher die Zweifel an der Echtheit der Reliquien des Apostels Jakobus. Bei im 19. Jahrhundert durchgeführten Analysen und Untersuchungen der Reliquien des Heiligen, auf Veranlassung des Bischofs von Santiago, wurde sogleich deren Authentizität festgestellt und mit einer römischen Bulle von höchster kirchlicher Stelle umgehend offiziell bestätigt. Zweifelsfrei konnte man damals und selbst heute mit allen zur Verfügung stehenden Untersuchungsmethoden nur nachweisen, dass es sich um alte Knochen handelt. Ob es die Überreste des Heiligen sind, konnte und kann man daraus jedoch nicht zwingend ableiten.

Einige Historiker, welche die geschilderte Legende des Jakobsgrabes kritisch sehen, verweisen bei ihren Einwänden auf eine fast deckungsgleiche Legende, die dem Leben und Wirken des Häretikers Priscillianus (geb. um 340 in Andalusien) zugeschrieben wird. Am Konzil von Saragossa im Jahr 380 wurde seine von der römischen Lehre abweichende Meinung als „Irrlehre" (Häresie) verurteilt und verboten: eine Vorgangsweise, die sich in Glaubensangelegenheiten im Laufe der Jahrhunderte noch öfter wiederholen sollte. Priscillianus war bei den Gläubigen sehr beliebt. Er lebte, so wird berichtet, ein gottgefälliges, asketisches Leben. Er wurde sogar zum Bischof von Avila gewählt. Der Kaiser verurteilte ihn jedoch wegen „Magie und schlechter Sitten" – was immer das heißen mag – in Trier zum Tode und ließ ihn mit einigen seiner Anhänger hinrichten. Kurios ist, dass heute in Trier, der ältesten Stadt Deutschlands, beim Grabmal des heiligen Matthias' ein Jakobsweg zur Grabstätte des heiligen Jakobus nach Santiago beginnt. Der Legende nach kam der enthauptete Leichnam des Häretikers Priscillianus auf dem Seeweg über Iria Flavia nach Galicien. Sein Grab wurde für seine zahlreichen Verehrer bald zu einer vielbesuchten Wallfahrtsstätte. Und hier schließt sich der Kreis zur Legende des heiligen Jakobus. Kommt uns diese Erzählung nicht irgendwie bekannt vor? Wurde hier eine bereits bestehende Heiligenverehrung einige Jahrhunderte später durch den Bischof von Iria Flavia und andere kirchliche Instanzen einfach „umgedeutet"? Ein Apostel gilt in den Augen der katholischen Kirche und der Gläubigen im Mittelalter natürlich mehr als ein der Irrlehre bezichtigter und geköpfter Asket.

Welche der beiden Legenden (oder ob überhaupt eine dieser Überlieferungen) stimmt, ist für das Wesen und den ungebrochenen Zustrom an Pilgern aus aller Welt nach Santiago de Compostela zum Grab des Apostels Jakobus im 21. Jahrhundert natürlich unerheblich. Sich aufzumachen und nachzufolgen den

Hundertausenden, die im Laufe der Jahrhunderte den ersten Schritt gesetzt haben, immer mit dem Blick hin auf das Ziel Santiago, ist die eigentliche Motivation der Pilgerbewegung zum Jakobsgrab. Der Weg ist das Ziel.

Alfons II. (Regierungszeit von 791–842), König von Asturien und Galicien, ließ um das Jahr 840 in Santiago eine erste, noch bescheidene, Kirche zu Ehren des heiligen Jakobus errichten. Um vom Papst in Rom als katholischer König anerkannt zu werden, war es von Vorteil, auf das Wirken eines Apostels und Märtyrers in seinem Herrschaftsbereich hinweisen zu können. Der König führte zahlreiche Feldzüge durch, eroberte unter anderem Lissabon, besiegte die Mauren mehrmals in Schlachten bei Burgos und Luto. Ein Apostelgrab in Santiago ist aber bis 812 am Hofe Alfons II. in Oviedo gänzlich unbekannt. Unter einem seiner Nachfolger Alfons III. (Regierungszeit von 866–910) wird die Apostelverehrung stark gefördert.

Pilgerdenkmal auf dem Camino de Santiago

Auch Kaiser Karl dem Großen gelingt es nicht, die maurische Vorherrschaft in Spanien zu brechen. Er erleidet bei Roncesvalles – heute am Camino Francés gelegen – eine Niederlage gegen die Basken, nicht gegen die Mauren. Bei uns ist dieser Heereszug des Kaisers durch die Überlieferung im Rolandslied bekannt. Karl der Große errichtete im Jahr 795 die christliche Spanische Mark südlich der Pyrenäen, und begrenzte damit das Vordringen der Mauren nach Norden. Mehr als 800 Jahre sollte die Reconquista noch dauern, bis die muslimische Herrschaft auf der Iberischen Halbinsel endgültig mit der kampflosen Kapitulation von Navarra 1492 zu einem Ende kam. In dieser bewegten Zeit, in der die arabischstämmigen

Mauren über weite Teile der Iberischen Halbinsel herrschten, wurde auch Santiago de Compostela in einem der vielen Kleinkriege zwischen Mauren und Christen vom Kalifen von Cordoba, Abi Amir al-Mansur (Kalif von 978–1002), genannt Almansor, erobert, geplündert und zerstört. Die Kirche wurde dabei in Brand gesteckt, das Taufbecken als Pferdtränke missbraucht und die Glocken der Kirche „auf dem Rücken von Christen" – wie es heißt – nach Cordoba verbracht. Von dort kamen sie nach der Reconquista – diesmal „auf dem Rücken von Mauren" – wieder nach Santiago zurück. Auge um Auge, Zahn um Zahn … soweit Überlieferungen und Legende. Das Grabmal des Apostels jedoch blieb bei der Besetzung durch die Mauren unversehrt, gilt doch Jesus auch im Islam als Prophet, nicht jedoch als Sohn Gottes. Diese Wertschätzung wurde dem Weggefährten Jesu, seinem Jünger Jakobus, über den Tod hinaus entgegengebracht.

Als „Dankbarkeit" für diesen, seinem Grabmal entgegengebrachten Respekt und die religiöse Toleranz wird bis heute der heilige Jakobus als „Maurentöter" und Kämpfer für die Wiederherstellung eines christlichen Spaniens „missbraucht". Der Überlieferung nach soll er „persönlich" im Jahr 844 bei der Schlacht in der Nähe von Logrono auf Seiten christlicher Truppen gegen die Mauren in die Kampfhandlungen eingegriffen haben. Die christlichen Truppen errangen daraufhin einen blutigen Sieg und setzten ab sofort auf die moralische Unterstützung des „Bezwingers der Mauren".

Auf vielen Kirchen entlang des Camino Francés in Spanien kann man heute noch den heiligen Jakobus mit Schwert hoch zu Ross als Kämpfer gegen die muslimischen Mauren betrachten. Selbst in der Kathedrale von Santiago befand sich bis vor einigen Jahren eine solche Statue, die erst auf massiven Druck der Pilger entfernt wurde. In Padrón, eine Tagesetappe von Santiago entfernt, ist eine solche Statue neben dem Anlandestein, an dem das Boot mit den sterblichen Überresten des Heiligen angekommen ist, noch heute in der Kirche in einer Vitrine zu sehen. Natürlich kam der Märtyrer und Apostel völlig unschuldig zu dieser zweifelhaften Ehre. Er konnte sich rund 800 Jahre nach seinem Märtyrertod in Jerusalem ja nicht mehr gegen diese Vereinnahmung durch Könige, den Papst und die lokalen Bischöfe wehren. Sein Ansehen wurde sowohl von den weltlichen Herrschern wie auch der römisch-katholischen Kirche aus strategischen und machtpolitischen Erwägungen missbraucht. Jakobus ist bis heute der Schutzheilige Spaniens und in seinem Namen erfolgte nicht nur die 800 Jahre lang andauernde Reconquista Spaniens. Die blutige Eroberung ganz Latein- und Mittelamerikas durch Spanier und Portugiesen ab 1492 erfolgte mit Kreuz und Schwert ebenfalls unter dem Schutz des heiligen Jakobus. Verwunderlich ist nur, dass so viele Südamerikaner, vor allem aus Brasilien, heute den Jakobsweg nach Santiago für Pilgerzwecke wählen.

Völliger Schuldnachlass durch das Pilgern zum Apostelgrab

Der vollständige Ablass, der Nachlass aller Sünden, war und ist mit einer solchen Pilgerreise zum Grab des heiligen Jakobus verbunden. Wenn diese Wallfahrt noch zusätzlich in einem Heiligen Jahr erfolgt, galt und gilt dieser Schuld- und Sündennachlass sogar für alle zukünftigen noch zu begehenden Sünden! Ein zusätzlicher Anstoß, sich der mühsamen Pilgerreise und den damit verbundenen Gefahren auszusetzen. Ein Heiliges Jahr wird dann ausgerufen, wenn der Namenstag des Heiligen – der 25. Juli – auf einen Sonntag fällt. Erfahrungsgemäß sind dann noch mehr Pilger auf den Jakobswegen unterwegs als in normalen Jahren. Wenn man nicht unbedingt auf den zukünftigen Ablass aller Sünden angewiesen ist, sollte man das Heilige Jahr als Pilgerreise nach Santiago möglichst meiden.

Seit Martin Luther und der Reformation wissen wir, dass dieser Ablasshandel der römisch-katholischen Kirche nicht nur zu Ehre und Ruhm gereicht hat. Luther soll sogar gemeint haben „geht nit dorthin [nach Santiago]", da er der Meinung war, dass mit der Jakobusverehrung nur kirchliches Machtstreben verbunden war. Dieser Ablasshandel gegen Geld oder durch den sanften Druck des Pilgerns war mit ein Grund für die Kirchenspaltung der Christenheit in Katholiken und Protestanten. Martin Luther prangerte den Ablasshandel mit seinen Thesen an der Kirchentür zu Wittenberg an. Das Geld aus diesem Freikaufen von Sünden wurde von den Päpsten benötigt, um die immensen Kosten für den Bau des Petersdoms in Rom zu begleichen. Dies bildete neben anderen, eher überwindbaren theologischen Unstimmigkeiten und Spitzfindigkeiten die Basis für die verheerenden Religionskriege des 16. und 17. Jahrhunderts. Nicht vergessen darf man, dass neben dem automatischen Sündenerlass durch das Pilgern selbstverständlich eine Umkehr, Beichte und Buße verlangt wird, um die „volle" Wirkung dieses umfassenden Sündennachlasses zu erhalten! Das wird oft vergessen oder bewusst ausgeblendet. Dieser vollständige Ablass gilt auch heute noch. In Corona-Zeiten hat sich das Heilige Jahr 2021 durch einen offiziellen Erlass des Papstes Franziskus für die Pilger bis zum 31.12.2022 verlängert.

In seinem leider schon einige Zeit vergriffenen Buch „Irrweg Jakobsweg" weist der bekannte Wiener Soziologe Roland Girtler nach, dass sich die ersten Kreuzzüge der katholischen Kirche im Mittelalter nicht primär gegen die Osmanen und Araber zur Befreiung der heiligen Stätten in Jerusalem gerichtet haben, sondern vielmehr gegen christliche „Ketzer" wie die Katharer oder auch Albigenser genannt in Südfrankreich an den nördlichen Ausläufern der Pyrenäen. Und hier kommt wiederum der Jakobsweg – leider wieder nicht unbedingt positiv – ins Spiel. Diese Häretiker – so sie nicht sofort nach Niederschlagung durch die zahlenmäßig erdrückende Übermacht der „Kreuzritter" besiegt und verurteilt durch die Inquisition am Scheiterhaufen verbrannt wurden – hatten die „Wahl" von Südfrankreich über die Pyrenäen und weiter durch Nordspanien nach Santiago zu pilgern, um sich durch diese Pilgerreise Vergebung von ihren Sünden und dem Abfall vor rechtem Glauben zu erbitten. Für die Katharer war das eine besondere Strafe, da sie neben dem Herrschaftsanspruch der römisch-katholischen Kirche Wallfahrten als gottlos ablehnten. Zusätzlich wurde ihr Pilgergewand mit einem großen gelben Kreuz versehen, was diese Pilger zusätzlich stigmatisierte. Ein Vorläufer des Judensterns im Dritten Reich. Hin und zurück waren das für diese Zwangspilger gut und gerne 1 800–2 000 Kilometer in oftmals unwegsamem Gelände, auf schlechten, noch von den Römern errichteten Straßen, über die bis weit ins Frühjahr hinein schneebedeckten Pyrenäen, durch reißende Flüsse und dünn besiedeltes Gebiet. Die von den Römern errichteten Brücken und Straßen waren dabei noch die einzigen Erleichterungen am Pilgerweg nach Santiago. Im Mittelalter war eine solche Bußwallfahrt mit ganz anderen Mühen und Gefahren für Leib und Leben verbunden als heutzutage. Hunger, Durst, Seuchen, Krankheiten, Raubüberfälle und wilde Tiere (Wölfe) machten diese Reise, neben den körperlichen Strapazen, zu einem im wahrsten Sinne des Wortes lebensgefährlichen Unterfangen. Viele dieser „Zwangspilger" erreichten ihr Ziel nicht, starben unterwegs an Hunger oder Erschöpfung oder fielen Raubüberfällen zum Opfer. Nur ein Teil konnte nach Erreichen des Jakobsgrabes bekehrt und wohlbehalten in seine Heimat zurückkehren. Die heilige Inquisition, die sich später gegen Juden und Mauren richtete, hat ihren Ursprung in der martialischen Bestrafung von Gläubigen, die sich nicht dem Dogma der römischkatholischen Kirche unterwerfen wollten. Sie waren nicht bereit, den Zehent abzuliefern und vor allem waren sie von der moralischen Verlogenheit und den Machtbestrebungen der katholischen Kirche abgestoßen. Sie warfen der Kirche Abgehobenheit vor und nutzten keine Kirchengebäude für ihre Messfeiern. Ihre Kirche war rein geistig und sie sahen im Papst, dem weltlichen und geistlichen Oberhaupt der katholischen Kirche, den Satan – den Antichrist. Das war ihr großer Fehler und führte direkt in den Untergang. Bei Geld und Machtverlust kennen die Herrschenden schon immer kein Erbarmen.

Zur Verteidigung der katholischen Kirche muss man anmerken, dass zum Schutz, zur Verpflegung und Versorgung der stark anwachsenden Pilgerzahl am Jakobsweg viele Herbergen und Klöster errichtet wurden. Nach der Vertreibung der Tempelritter aus dem Heiligen Land und aus Zypern übernahmen einige dieser bewaffneten Glaubenskrieger die Aufgabe, Schutzbauten für Jakobspilger und Kirchen am Jakobsweg in Nordspanien zu errichten und zu betreiben.

Rund 100 Kilometer sind es von Santiago de Compostela noch bis nach Finisterre (Ende der Welt). Im Mittelalter waren diese Klippen wirklich das Ende der im Abendland bekannten Welt. Erst spanische und portugiesische Seefahrer erweiterten ab dem 14. Jahrhundert laufend den Horizont. Die dort an der Küste am Strand in großer Zahl anzutreffenden Muscheln wurden unter der Bezeichnung „Jakobsmuschel" das Symbol aller Jakobspilger. Diese Muscheln waren Erkennungszeichen unter den Pilgern und dienten in der Heimat als

Santiago de Compostela

Beweis für die erfolgreiche Absolvierung der Pilgerwallfahrt nach Santiago de Compostela. Eine frühe Form der Pilgerurkunde für die zumeist des Lesens und Schreibens unkundigen Pilger.

Im Mittelalter war eine Pilgerreise für die ländliche Bevölkerung meist die einzige Möglichkeit, ihrer angestammten Heimat, der Leibeigenschaft und der harten Arbeit für den Landesherrn für einige Zeit zu entfliehen und fremde Länder und Kulturen kennenzulernen. Der Erzbischof von Salzburg, genauso wie andere weltliche und geistige Landesfürsten, sahen sich zu Beginn der Neuzeit immer öfter gezwungen, das „ausufernde" Pilger(un)wesen einzuschränken, da die notwendigen Arbeitskräfte in der Landwirtschaft sonst fehlten. Das Pilgern war ein kleines erlaubtes Ventil, um aus dem streng und stark religiös geprägten Alltag zumindest für eine Zeit lang auszubrechen. Kirchliche Würdenträger und Landesherren konnten diese Pilgerreise daher schwerlich als „Urlaub" oder privates Freizeitvergnügen abtun, bildete doch die Vergebung aller Sünden eine der tragenden Säulen des christlichen Glaubens. Mit dem Ausstellen von Pilgerpässen fand man rasch eine Möglichkeit der Limitierung, Reglementierung und Steuerung der Anzahl der

Santiago-Pilger. Nur „offizielle" Pilger, ausgestattet mit solch einem Pilgerpass, konnten mit wohlwollender Unterstützung und vor allem mit Aufnahme und Verpflegung in den Pilgerherbergen am Jakobsweg rechnen.

Sehr oft wurde eine Pilgerwallfahrt zum Zeichen der Umkehr dem Sünder nach der Beichte zur Buße auferlegt. Manchmal aber einfach nur, um aufmüpfige „Schäfchen" auf eine länger andauernde Wallfahrt mit immer ungewisser Rückkehr wegzuloben. Wenn man sich alte Pilgerberichte ansieht oder in literarischen Verarbeitungen wie den Canterbury Tales nachliest, wurden Pilgerwallfahrten schon damals nicht rein oder überwiegend aus religiösen Überlegungen unternommen. Was die Pilger des Mittelalters und der Neuzeit von den heutigen wiederum nicht so sehr unterscheidet. Abenteuerlust und die Neugierde auf Neues und Unbekanntes sind neben spirituellen und religiösen Überlegungen bis heute die treibenden Kräfte geblieben, um den ersten Schritt am Jakobsweg zu wagen.

Mit der Entdeckung der Neuen Welt durch Christoph Kolumbus 1492 standen jungen, abenteuerlustigen Menschen plötzlich ganz andere Wege der „Selbstverwirklichung" offen. Das hatte schon vor den Religionskriegen Einfluss auf den Rückgang der Zahl der Pilger zu den klassischen christlichen Pilgerzielen nach Rom und Santiago. Mit den Religionskriegen im 16. und 17. Jahrhundert begann eine Phase des stetigen Niedergangs des Pilgerwesens nach Santiago. Viele Herbergen, Burganlagen, Klöster und Kirchen am Jakobsweg wurden im Gefolge der Glaubensauseinandersetzungen zerstört und verfielen. Damit fehlte weitestgehend die nötige Infrastruktur zum Schutz und zur Verpflegung der Pilger. Im Dreißigjährigen Krieg wurden in Europa nach vorsichtigen Schätzungen rund ein Drittel der Bevölkerung getötet; direkt durch kriegerische Handlungen, durch Hunger, Pest oder Vertreibung. Gläubige hatte in diesen unruhigen Zeiten andere, essenziellere Probleme, als sich den Luxus einer Pilgerreise in fremde Länder zu leisten.

Nach der Französischen Revolution und der Besetzung Spaniens durch die Truppen Napoleons sowie der Enteignung von Klöstern und Kirchen durch den spanischen Staat im 19. Jahrhundert, wurde den Jakobswegen als internationale Pilgerziele ein weiterer schwerer Schlag versetzt. Das Pilgern zum Apostelgrab kam fast völlig zum Erliegen. Ganz erloschen ist die Pilgertradition aber nicht, was auf den Reiz des Weges zurückzuführen sein mag.

Erst ab den 1980er-Jahren begann eine Rückbesinnung auf diese althergebrachte Tradition der Fußwallfahrten zum Grab des heiligen Jakobus. Die Bezeichnung „Compostela" setzt sich übrigens aus den beiden römischen Wörtern „componere", was so viel wie „zusammenführen" heißt, und „stella", also „Stern", zusammen. Das beschreibt genau die geografische Lage Santiago de Compostelas, bei der sternförmig mehrere wichtige Straßenverbindungen von Ost nach West und Nord nach Süd zusammentreffen.

Wie schon erwähnt, gibt es ein Geflecht an Jakobswegen, die sich wie ein Spinnennetz über den europäischen Kontinent legen. In Österreich wurden dabei schon immer die bestehenden Ost-West-Wegverbindungen entlang der großen Flüsse genutzt: von Osten beziehungsweise von Wien entlang der Donau durch die Wachau und das Voralpengebiet nach Salzburg. Von dort führt der Weg entlang der Saalach über den Pass Strub nach Tirol und dann das Inntal aufwärts bis Landeck. Der Übergang über den Arlberg ist übrigens mit 1 860 Metern Seehöhe der absolut höchste Punkt auf dem Pilgerpfad nach Santiago, höher als der Übergang über die Pyrenäen. Weiter geht es entlang der Ill nach Feldkirch mit dem Anschluss über Liechtenstein in das Rheintal und in die Schweiz.

Erst in den letzten Jahren mit dem Boom des Pilgerns sind eigene Jakobsweg-Markierungen auf den Wegen, zumeist als Zusatz zu bereits bestehenden Wegmarkierungen, angebracht worden. Ein besonderer Verdienst gebührt hier Peter Lindenthal, der sowohl den Nordweg als auch den Südweg in Österreich beschrieben und teilweise markiert hat.

Neben den beiden österreichischen Hauptrouten, dem Nord- und dem Südweg, gibt es einige Zubringerrouten aus den Nachbarländern Tschechien, Slowakei und Ungarn; von Drasenhofen durchs Weinviertel nach Krems, von Pamhagen an der ungarischen Grenze durch das Nordburgenland an die Donau, von Bratislava der Donau entlang nach Wien, von Krumau über Passau nach Salzburg.

Wir haben uns in diesem Führer auf den Hauptweg von Wien, beginnend beim Stephansdom, bis zum Feldkircher Dom beschränkt. Informationen zu den Zubringerwegen gibt es im Internet unter *www.caminosantiago.at.*

Vorplanung, Wegverlauf

Jede Wanderung, Weitwanderung oder Pilgerreise beginnt mit der richtigen Vorplanung. Wenn Sie sich entschieden haben, den hier beschriebenen Nordweg des Jakobsweges in Österreich zu begehen, stellt sich zunächst die Frage: Wann ist der beste Zeitpunkt? Der erste Teil der Strecke, die Etappen von Wien bis Salzburg, ist praktisch ganzjährig begehbar, außer bei extremen Schneeverhältnissen. Anders stellt sich die Situation ab Salzburg dar. Das Berchtesgadenerland, das Lofergebiet und den Pass Strub kann man erst nach der Schneeschmelze begehen, den Übergang über den Arlberg erst ab Ende Mai, Anfang Juni.

Die stabilsten Wetterverhältnisse bestehen in Österreich eher Ende August, Anfang September, da ist die Gewittergefahr in den alpinen Regionen geringer. Das Jahr 2021 hat mit den Vermurungen und Überschwemmungen in Oberösterreich, Salzburg, Tirol und Vorarlberg gezeigt, dass der Klimawandel in den Bergen und im Alpenvorland angekommen ist. Teilstücke des Wegenetzes sind dann nicht oder nur eingeschränkt zu begehen.

Der Jakobsweg in Österreich ist kein historisch gewachsener und vielbegangener Pilgerweg. Ein Geheimtipp ist er aber längst nicht mehr. Vielmehr ist er im Zuge der Renaissance des Pilgerns nach Santiago durch einige Idealisten entstanden, die sich vorwiegend an bereits bestehende Weit- und Wanderwege angelehnt haben und diese zusätzlich mit den bekannten Jakobszeichen, den gelben Pfeilen auf blauem Untergrund, dem Stern auf blauem Untergrund und anderen Hinweisen versehen haben.

Da der Jakobsweg als Pilgerweg angelegt wurde, führt er an zahlreichen Kirchen, Klöstern und Andachtsstätten vorbei, was manchmal einen nicht unbeträchtlichen Umweg bedeutet, verbunden mit Höhenmetern vor allem in Tirol, wo sich viele Kirchen in exponierter Lage auf Bergrücken hoch über dem Inntal befinden. Manchmal gibt es hier zusätzliche Höhenmeter sparende Varianten in Form von Radwegen, welche diese „Extrasteigungen" vermeiden.

Einige der Markierungen am österreichischen Jakobsweg

Der hier beschriebene Weg beginnt beim Stephansdom in Wien und ist für uns der „Hauptweg", mit dem bewussten Mut zur Lücke nicht alle Zustiegswege und Varianten beschreiben zu müssen. Neben der Bundeshauptstadt Wien führt der Weg durch einige größere Städte. Wenn Sie Linz als Variante dazunehmen, haben Sie neben Salzburg und Innsbruck drei Landeshauptstädte zu durchqueren. Wenn Sie mehrere Tage eher gemütlich durch ländliche Gegenden gewandert sind, bedeuten die Durchquerungen der großen Städte einen echten „Kulturschock", zumeist ist dort die Markierung des Weges nicht oder nur rudimentär vorhanden. Ins Zentrum zum Dom in Salzburg oder zum Goldenen Dachl in Innsbruck findet man sehr gut, aus der Stadt hinaus wird es dann zumeist mühsamer. Als Alternative haben wir hier öffentliche Busverbindungen erwähnt, damit Sie sich die Gewerbegebiete und Industriezonen rund um die Landeshauptstädte ersparen.

Zur Benutzung dieses Führers

Die Übersichtskarten in diesem Führer dienen einer groben Orientierung; der Weg ist ausreichend und gut markiert, sodass zusätzliches Kartenmaterial nicht unbedingt notwendig ist. Die Markierungen sind aber von Bundesland zu Bundesland sehr unterschiedlich. In den Wegbeschreibungen haben wir kritische oder unmarkierte Stellen mit „Achtung!" kenntlich gemacht.

Zeitangaben sind sehr individuell. Wir sind von einer Durchschnittsgeschwindigkeit von vier Kilometern pro Stunde ausgegangen und haben die Etappen so in Tageseinheiten im Umfang von sieben bis acht Stunden reine Gehzeit ohne Rastzeiten eingeteilt, was im Schnitt rund 25 Kilometer pro Tag ergibt. Manchmal geben Übernachtungsmöglichkeiten die Länge der Tagesetappe vor. Wenn es keine Ortschaft mit Übernachtungsmöglichkeit gibt, muss man bis zum nächsten Ort weiterwandern oder bereits früher stoppen.

Auf Höhenprofile haben wir bewusst verzichtet, wobei wir die Ausgangs- und Endpunkte sowie wichtige Zwischenstationen mit Höhenangaben versehen haben. Im Text zur Charakteristik der jeweiligen Tagesetappe weisen wir auf diese Anstiege hin, wobei viele Tage eher Flachetappen entlang von Flüssen sind.

Den gesamten Weg durchzuwandern werden die wenigsten Pilger in Angriff nehmen. Planen Sie schon bei der Vorbereitung der Pilgerreise etwa alle 10–14 Tage einen Ruhetag ein. Da bieten sich Enns (St. Florian), Salzburg oder Innsbruck an, zumal hier genug Besichtigungsmöglichkeiten und andere Aktivitäten möglich sind, um den Ruhetag zu nutzen.

Von den konditionellen Anforderungen sind die beschriebenen Tagesetappen für einigermaßen geübte Wanderer gut schaffbar, da es wenig Bergetappen gibt. Nur der Arlberg ist mit rund 1 800 Höhenmetern die höchste Erhebung am gesamten Jakobsweg bis Santiago.

Überraschenderweise sind die beiden Etappen durch die Wachau mit über 700 Höhenmetern im Auf- und Abstieg die Tage mit den meisten zu bewältigenden Höhenmetern.

Wie schon erwähnt, gibt es keinen organisierten Weitertransport des Gepäcks, was sich auf das Gewicht des Rucksacks auswirkt, da man die gesamte Ausrüstung mittragen muss.

Von Jahr zu Jahr gibt es, bedingt durch Anpassungen der Wanderwege, kleinere Abweichungen vom hier beschriebenen Weg. Die Markierung ist am gesamten Weg in Österreich leider nicht einheitlich, aber zumeist ausreichend. Am besten und ausführlichsten sind die Jakobsweg-Markierungen in Tirol, wo es vor jeder größeren Ortschaft einheitlich gestaltete Infotafeln gibt, welche die Besonderheiten in der jeweiligen Gemeinde erklären, mit einem Ausblick auf den weiteren Wegverlauf. Sehr ordentlich – mit den bekannten Sternmarkierungen in Gelb und Blau – sind die Markierungen in Salzburg, hier als „Jakobsweg Österreich" bezeichnet. Oberösterreich und Niederösterreich sind eher sparsam markiert, mit Ausnahme der Touren von Purkersdorf bis Herzogenburg mit einigen „blinden" Flecken. Problematisch sind teilweise die Markierungen in den größeren und kleineren Ortschaften. Am besten orientiert man sich hier immer an der Kirchturmspitze. Erfahrungsgemäß führt der Jakobsweg dort vorbei und die Kirchtürme sind zumeist von Weitem gut sichtbar. Bezeichnenderweise heißt der Jakobsweg in Niederösterreich „Österreichischer Jakobsweg", während er in Oberösterreich nur als „Jakobsweg" beschildert ist. Einen Überblick über die vielen unterschiedlichen Markierungen am Weg von Muscheln über Pfeile, Zusatztafeln etc. haben wir auf den Seiten 24/25 zusammengestellt. Abweichend von allen Wegmarkierungen, die in Österreich überall aus gelben Wanderschildern mit blauen, roten und schwarzen Punkten bestehen, sind diese Wanderschilder in Vorarlberg einheitlich hellgraue Hinweistafeln, die man bei schlechter Sicht kaum erkennt. Die Zusatzhinweise auf den Jakobsweg – in Vorarlberg folgt der Jakobsweg dem Arlbergweg und später dem Walgauweg – bestehen als 2 x 2 cm große Jakobswegzeichen, die man erst aus einer Entfernung von unter zwei Metern wirklich gut erkennen kann.

Über weite Strecken folgt der Jakobsweg auch Radwegen oder führt parallel zu diesen entlang. Diese Radwege sind einheitlich grün markiert und bieten sich manchmal als „Alternativrouten" an. In den Karten sind Varianten strichliert eingezeichnet.

Wegverlauf des Jakobsweges in Österreich

Der Jakobsweg folgt in seinem Verlauf den großen Flüssen Österreichs – Donau, Traun, Ybbs, Saalach, Inn und Ill – wodurch eine grobe Orientierung und Richtung klar vorgegeben und erkennbar ist.

In Salzburg, Bayern und Tirol ist der Jakobsweg Teil des Tauernradweges, der gut asphaltiert angelegt ist, zumeist an den Flüssen entlang führt und weniger Steigungen hat als die klassischen Wanderwege. Das gilt auch für das Untere und Obere Inntal, wo das Tal nur Platz für den Fluss, die Autobahn, die Eisenbahn und eine Begleitstraße beziehungsweise den Radweg bietet. Man muss sich dann den Wanderweg mit Radfahrern, in letzter Zeit vermehrt mit E-Bike-Fahrern, teilen, was eine gewisse Rücksichtnahme und Vorsicht erfordert. Wo topografisch Platz ist, entfernt sich der Jakobsweg vom Talgrund und führt in höheren Lagen an alten Tiroler Ortschaften mit den typischen Kirchen mit steilen Kirchtürmen vorbei. Mehr als die Hälfte des Weges sind asphaltierte Nebenstraßen, Gehsteige und Radwege, der Rest sind markierte Wanderwege, gut befestigte Schotterstraßen und nur rund 20 % sind Waldwege und engere Steige.

Der Jakobsweg ist darüber hinaus ein Weg entlang von Klöstern und Stiften in Österreichs Norden und Westen. Wie Perlen auf einer Kette reihen sich die Stifte Herzogenburg, Göttweig, Melk, St. Florian, Lambach und Vöcklabruck aneinander, die ursprünglich auch als Übernachtungsmöglichkeiten für Pilger gedacht waren. Genauso am Weg liegen Wilten, Stams oder St. Peter in Bludenz. Wir haben versucht, in Stiften und Klöstern Übernachtungsmöglichkeiten zu bekommen, was leider nicht immer möglich war. Das lag vor allem daran, dass wir in Zeiten der Covid-19-Pandemie unterwegs waren und viele Klöster ihre Pilgerunterkünfte geschlossen hatten.

Unterkünfte und Verpflegung

Eine Tradition, wie sie am spanischen Jakobsweg mit den Pilgerherbergen besteht, fehlt in Österreich fast völlig. Das verteuert das Pilgern/Wandern deutlich, da man auf Privatquartiere, Gasthöfe oder Hotels angewiesen ist. Über das Internet ist es überall möglich, sich entsprechende Übernachtungen selbst zu organisieren. In größeren Städten und Tourismusgebieten gibt es Tourismusbüros und Infotafeln, die Übernachtungsmöglichkeiten auflisten. Wir haben bei jeder Tour versucht, diese regionalen oder lokalen Tourismusverbände anzuführen. Auf die Nennung von Unterkünften und Privatquartieren haben wir weitgehend verzichtet, da sich die Situation rasch ändert, Telefonnummern nicht mehr stimmen und Ruhetage sich ändern können. Gerade im Westen (Salzburg, Tirol, Vorarlberg) sind die Wintersportregionen gut ausgestattet mit Ferienwohnungen, Frühstückspensionen und Hotels in allen Kategorien, die aber leider im Sommer und zur Wandersaison nur eingeschränkt geöffnet sind. Nicht unerwähnt sei hier, dass „Pilger", die normalerweise nur eine Nacht bleiben, nicht unbedingt überall willkommen sind. Vereinzelt haben sich „Pilgerherbergen" entwickelt, meistens in Verbindung mit Urlaub am Bauernhof. Es empfiehlt sich schon im Laufe des Wandertages die jeweilige Übernachtung zu organisieren, wenn absehbar ist, wie weit man noch wandern wird. In den Landeshauptstädten gibt es Angebote in jeder Preiskategorie, in kleineren Orten ist die Auswahl an Quartieren eher eingeschränkt. Im Durchschnitt – Preisniveau 2021 – ist für zwei Personen pro Übernachtung mit Frühstück mit € 100,- plus/minus zu rechnen. In den Tourismusgebieten kommt zur Übernachtung zumeist noch eine nicht unbeträchtliche Tourismusabgabe pro Person hinzu.

Die Preise für Übernachtungen, Essen und Trinken weisen ebenfalls ein deutliches Ost-West-Gefälle auf. Die Qualität ist überall ausgezeichnet, ein Markenzeichen des österreichischen Tourismus.

Ausrüstung: Weniger ist mehr

Der Pilgerrucksack wird während Ihrer Pilgerwanderung Ihr täglicher, mehr oder weniger geliebter Begleiter sein. Jedes Kilo „Übergepäck" macht sich schwer und nachhaltig auf Ihren Schultern und am Rücken bemerkbar.

Als grober Anhaltspunkt für das Gewicht eines fertig gepackten Pilgerrucksacks gilt die Faustregel: 10–15 % des Körpergewichts plus maximal noch einmal 20 % dazu. Das ist das Limit für das

Die Ausrüstung sollte gut überlegt werden

Gewicht Ihres Rucksacks ohne Flüssigkeiten und Verpflegung und ohne die am Körper getragene Kleidung. Im Idealfall bewegt sich das für den Rucksack bei Männern so um die zehn Kilogramm, bei Frauen sollte das Gewicht gut ein bis eineinhalb Kilo weniger betragen. Aus Erfahrung wissen wir, dass man immer zu viel und zu schwere Sachen mitführt. Denn, sicher ist sicher! Man will ja auf alle Eventualitäten vorbereitet sein! Das, was man dann im Fall der Fälle dringend benötigt, hat man jedoch meist bestimmt nicht eingepackt.

Die besonderen Anforderungen an Ihren Rucksack sind eine perfekte Passform, ein gut anpassbarer breiter Hüftgurt und ein Brustgurt, um das Gewicht gleichmäßig und nicht nur auf die Schultern zu verteilen. Gut gepolsterte, breite Tragriemen verteilen das Gewicht besser als zu schmale Riemen. Es gibt eng am Rücken anliegende Rucksäcke mit schweißaufnehmenden Materialien und solche mit einer „Rückenbelüftung". Ein Gitter sorgt dabei für den besseren Abtransport des Schweißes am Rücken.

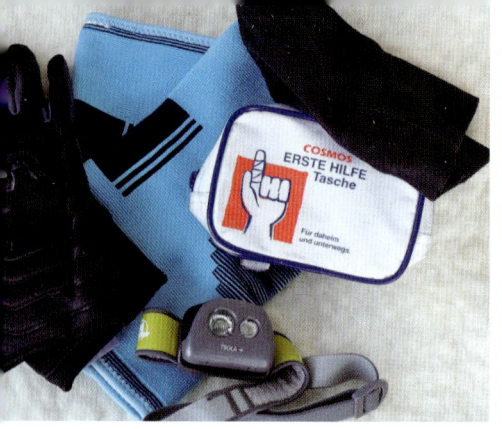

Packordnung im Rucksack und Erste-Hilfe-Ausrüstung

Packliste

1 oder 2 Wanderhosen mit abnehmbaren Beinen
2 Garnituren Unterwäsche (Merino oder Funktionsbekleidung)
2 Paar Socken (Merino oder Funktionsbekleidung)
4 T-Shirts (Merino oder Funktionsbekleidung), wahlweise 1 x Langarm
1 Wind-Regenjacke, Goretex
1 Sweater, Pulli oder leichte Wanderjacke
1 Baumwollhose, verwendbar als Pyjamahose
1 T-Shirt Baumwolle als Pyjamaoberteil
1 Schirmkappe oder ein breitkrempiger Hut
1 Sonnenbrille
1 Paar Wanderschuhe, fest und über den Knöchel reichend
1 Paar Sandalen (Crocs) für die Unterkunft,
eventuell verwendbar als Reserveschuhe
1 Stirnband oder Haube, eventuell Handschuhe
1 Regenhose
1 Regenjacke oder Regenüberzug (Poncho oder Pellerine)
1 Paar Gamaschen
1 Regenüberzug für den Rucksack, wenn nicht in den Rucksack integriert
Zahnpaste und Zahnbürste in Reisegröße
Deo, Dusch- und Haarshampoo in Reisegröße
evtl. Kontaktlinsenflüssigkeit und Behälter
Microfaserhandtuch

Wichtig ist, sich für das tägliche Packen des Rucksacks eine immer gleichbleibende „Packordnung" zurechtzulegen, mit der man die Dinge leichter findet. Schweres und nicht mehrmals täglich Benötigtes wie Ihre Reserveschuhe, Medikamente, Hygieneartikel und Reservekleidung werden möglichst tief im Rucksack verstaut. Den Regenschutz sollten Sie schnell greifbar in einer Außentasche, Geld, Mobiltelefon, Sonnenschutz, Wasser und Snacks in den Seiten- oder Außentaschen verstauen. Die meisten Rucksäcke haben bereits einen integrierten Regenschutz, der über den gesamten

Nagelfeile bzw. Nagelschere
Sonnencreme und Lippenschutz in Reisegröße
Fußcremen, Hirschtalgsalbe
1 Tube Flüssigwaschmittel
1 elastische Binde
Verbandszeug, Pflaster, Tapes, Blasenpflaster, Sicherheitsnadeln
Knieschützer, eventuell Sportstützstrümpfe
Entzündungshemmende und schmerzstillende Medikamente
(Erstversorgung)
Medikamente für Reise- und Durchfallerkrankungen (Erstversorgung)
Muskelentspannende Lotionen
Magnesiumpräparate in Tablettenform oder in Einzelverpackungen
Persönliche Medikamente (Diabetes, Asthma, Bluthochdruck etc.)
1 Rucksack mit abnehmbaren Außentaschen, mindestens 35 Liter Inhalt
1 Bauchtasche für Dokumente, Reisepass, Geld, Grüner Pass
1 Paar Wanderstöcke
1 Trinkflasche aus Plastik oder Alu
1 Taschenlampe/Stirnlampe
1 Multifunktionsmesser
1 Reiseföhn (wenn Platz)
Reserveschuhbänder, verwendbar auch als Wäscheleine
Einige wasserdichte Gefrierbeutel für Geldtasche, Pass etc.
Fotoapparat und Mobiltelefon, Ladegeräte nicht vergessen!
Pilgertagebuch, Reiseführer, Kugelschreiber

Rucksack gestülpt werden kann. Praktisch sind Rucksäcke, die sich wie Reisetaschen ganz öffnen lassen. Der Inhalt ist dann freiliegend gut sichtbar. Alle Gegenstände können ohne lästiges Suchen leicht entnommen werden. Einige Rucksäcke besitzen kleine abnehmbare Taschen im Oberteil. Diese können Sie als kleinen Rucksack oder Bauchtasche für die wichtigsten Dokumente verwenden und später wieder am Pilgerrucksack befestigen. Außen am Pilgerrucksack platzieren Sie noch Ihre Pilgermuschel und fertig ist Ihr – wahrscheinlich beim ersten Packen viel zu schwerer – Rucksack.

Sinnvoll ist es, sich schon einige Zeit vor Antritt der Pilgerreise alle Ausrüstungsgegenstände, die Sie beabsichtigen einzupacken, am Boden auszubreiten und zu entscheiden: Was brauche ich unbedingt und was ist reiner „Luxus". Dann bleibt noch Zeit, einzelne Stücke auszutauschen, wegzulassen oder zu ergänzen. Wiegen Sie Ihren Rucksack mehrmals ab und Sie werden staunen, wie viel Gewicht sich dabei ansammelt, obwohl Sie überzeugt sind, nur das Notwendigste eingepackt zu haben. Im Nachhinein werden Sie überrascht sein, wie viele Dinge Sie eigentlich unnötigerweise mitgeschleppt haben und mit wie wenig man – ohne große Einschränkungen und Verlust an Komfort – auskommt.

Nicht sparen sollten Sie bei der Qualität der Ausrüstung, hier gilt das Prinzip „Qualität vor Quantität". Lieber eine zusätzliche Jacke oder ein Shirt weniger, dafür die mitgeführte Bekleidung in bester Qualität.

Bekleidung

Eine wasserabweisende Regenjacke mit Kapuze ist unbedingt erforderlich, dazu Unterwäsche in zweifacher Ausführung zum Wechseln. Am besten eignen sich unserer Erfahrung nach Produkte aus Naturmaterialien (Merinowolle, Seide, Baumwolle), auch bei den Wandersocken, da diese „geruchsneutraler" sind als Funktionsbekleidung aus Kunstfasern. Nach einem anstrengenden Wandertag werden Sie den Unterschied (vorab testen) zwischen Kunststoff und Naturprodukt feststellen. Der Vergleich macht Sie sicher! Die zweite Garnitur der Unterwäsche dient Ihnen als „Pyjama-Ersatz". Da gilt ebenfalls: Naturmaterialien sind deutlich teurer als die aus Erdöl erzeugten Kunststoffe. Der Tragekomfort und die verminderte

Geruchsbelastung machen sich aber langfristig auf jeden Fall bezahlt. Naturtextilien sind ein Beitrag zur Nachhaltigkeit und zum Umweltschutz, zudem ist Naturstoff angenehmer auf der Haut als ein Funktions-Shirt. Eine Wanderhose und eine „Freizeithose", ein Fleece-Pullover oder eine Fleece-Jacke für die Abende komplettieren die unbedingt notwendige Bekleidung.

Schuhe und noch einmal Schuhe

Besonders ans Herz legen möchten wir Ihnen Ihre Wanderschuhe. Nicht umsonst gibt es den Spruch: „Pilgern ist Beten mit den Füßen." Viele Pilger verwenden Turnschuhe oder nur leichte Sandalen zum Pilgern. Der Jakobsweg in Österreich erfordert keine schweren, steigeisenfesten „Bergschuhe". Wir empfehlen Ihnen trotzdem leichte bis mittlere Trekking- oder Wanderschuhe, deren Schaft über den Knöchel reicht. Diese geben einen besseren Halt, stützen den Fuß, verhindern das Überknöcheln und am Abend sind die Füße in einem besseren Zustand als die Füße der Turnschuh-Pilger.

Dass man nicht mit fabrikneuen Schuhen eine Pilgerreise beginnt, versteht sich von selbst. Moderne Wanderschuhe sind aus wasserabweisendem Obermaterial, atmungsaktiv und mit einer guten, vor allem rutschfesten Sohle versehen. Optische Kinkerlitzchen sind weniger wichtig als Funktionalität. Es gibt sehr gute leichte Wanderschuhe, der beste und teuerste Schuh ist jedoch unbrauchbar, wenn er drückt oder nicht gut sitzt.

Testen Sie Ihre Schuhe vor Beginn der Pilgerreise daher wirklich ausgiebig. Alle guten Wander- und Bergschuhanbieter gewähren ein Umtauschrecht auf schlecht oder nicht passende Wanderschuhe. Jeder Fuß ist anders und hat seine individuellen Anforderungen an das Schuhwerk. Angepasste Einlagen fördern den Tragekomfort der Wanderschuhe und verhindern Druckstellen und Blasenbildung.

Bei Orthopäden und in Spezialinstituten gibt es eine Gang- und Fußanalyse und nach diesen Ergebnissen werden Einlagen für Ihre Schuhe individuell angefertigt. Vergessen Sie nicht, Ersatzschuhbänder einzupacken. Diese brauchen keinen Platz und haben kein Gewicht, können aber sehr hilfreich sein. Sie sind auch als Wäscheleine zu verwenden. Als „Zweitschuhe" empfehlen wir leichte Turnschuhe, offene Wandersandalen oder noch besser: federleichte „Crocs".

Der Schuh stellt die direkte Verbindung zwischen Ihrem Fuß und dem Weg her. Ihre Füße benötigen als Ihre wichtigsten Körperteile am Jakobsweg eine ganz spezielle tägliche Pflege und Zuwendung. Bevor Sie in der Früh die Wandersocken anziehen, cremen Sie Ihre Füße kräftig mit einer „Hirschtalgsalbe" oder einer Fußcreme ein, die sich wie eine zweite Haut über Ihre Füße legt. Es gibt mittlerweile geruchsneutrale Hirschtalgsalben oder solche mit einem angenehmen Geruch. Sollten Sie bereits Blasen an den Fersen oder Zehen haben, versorgen Sie diese vor dem Eincremen mit einem Tape oder einem Blasenpflaster. Sobald die Füße mit einer Creme oder Salbe in Berührung gekommen sind, kleben die Blasenpflaster nicht mehr auf den betroffenen Stellen, verrutschen und scheuern dann erst recht.

Nach der Tagesetappe und dem Duschen pflegen Sie Ihre Füße wieder ausgiebig, eventuell mit einem Fußbalsam, kühlendem Gel oder einer Fußcreme und gewähren Sie ihnen anschließend viel frische Luft zum „Ausdampfen" und zur Regeneration. Für die Muskulatur gibt es von innen her Magnesium- und Multivitaminpräparate und zur äußerlichen Anwendung kühlende Salben, Gels oder Lotionen. Verspannungen entstehen vor allem durch das ungewohnte

Tragen des Rucksackes. Ober- und Unterschenkel machen sich durch Krämpfe in der Muskulatur und „Muskelkater" bemerkbar. Schmerzlindernde Salben sollten Sie nur als letzte Mittel und wohldosiert einsetzen. Die Wirkstoffe der Medikamente wie z.b. Diclofenac oder Salicylsäureester (Aspirin) entfalten neben den erwünschten schmerzlindernden Wirkungen unerwünschte Nebenwirkungen.

Profitipp

Eine sinnvolle Ergänzung zu den Wanderschuhen sind Regengamaschen, da bei längerem Dauerregen die Wanderschuhe zwar zumeist von unten her trocken bleiben, von oben aber tropft das Wasser vom Regenschutz auf die Schuhe oder es läuft über die Regenhose direkt über und in den Schuh.

Ein Regenmantel oder ein Regenponcho und eine Regenhose gehören ebenfalls zur Grundausstattung jedes Jakobsweg-Pilgers. Beachten Sie, dass der gewählte Regenschutz so groß ist, dass er über Ihren Rucksack passt. Damit ist dieser ebenfalls vom Niederschlag geschützt. Die meisten der heute gängigen Wanderrucksäcke besitzen bereits einen integrierten Regenüberzug, der außen über dem Rucksack angebracht wird.

Bewährt haben sich Schirmkappen bei Sonne wie bei Regen, da diese auch bei Regen einen entsprechenden „Ablaufschutz" unter der Kapuze der Jacke oder dem Regenponcho bieten und der Regen dann nicht direkt ins Gesicht spritzt. Leider gibt es keinen optimalen Regenschutz und wahrscheinlich wird es dafür auch in absehbarer Zeit keine allseits befriedigende Lösung geben. Wenn Sie lange Zeit mit einem Regenmantel oder -poncho wandern, werden Sie zwar von oben nicht direkt nass werden, nach einiger Zeit beginnen Sie unter dem wasserdichten beschichteten Material aber zu schwitzen. Am Ende des Tages sind Sie von innen her vom Kondenswasser genauso nass. Bei leichtem Regen sind Wanderjacken mit einem gewissen Regenschutz (Goretex-Qualität und ähnliches) manchmal besser, da diese atmungsaktiv sind. Doch bei Dauerregen oder schweren Regengüssen ist ein ordentlicher Regenschutz in Form eines Regenumhangs wirklich unerlässlich. Bei leichtem Regen haben sich als Alternative Regenschirme (Knirpse) bewährt, auch wenn es nicht gerade authentisch aussieht.

Nützliche Zusatzausrüstung

Empfehlenswert für die Pilgerreise sind Wanderstöcke. Durch die Entlastung des Gewichtes über diese Stöcke werden alle Gelenke wie Füße, Knie und Hüften geschont. Ein weiterer Vorteil dieser Stöcke ist, dass die Finger nicht so anschwellen, da durch die ständige Bewegung die Blutzirkulation in den Armen und Fingern angeregt wird. Je leichter die Wanderstöcke sind, desto weniger Gewicht muss bewegt und getragen werden. Gute Wanderstöcke bestehen aus Titan oder Aluminium, sind mehrfach in der Höhe verstellbar und haben Gummistoppel für Wanderungen am Asphalt.

Profitipp

Nordic-Walking-Stöcke und Wanderstöcke haben Schlaufen, die auf ebenem Untergrund gute Dienste leisten. Steil bergauf oder vor allem steil bergab benutzen Sie die Schlaufen bitte nicht, da die Gefahr besteht, über die Stöcke zu stolpern und sich zu verletzen. Sie kommen beim Sturz nicht mehr rechtzeitig aus den Schlaufen und fallen ohne sich abstützen zu können über die Stöcke. In steilem alpinem Gelände gab es schon Todesfälle nach Stürzen mit Wanderstöcken. Skitourengeher verwenden die Schlaufen ihrer Skistöcke bei gefährlichen Abfahrten ebenfalls nicht, um bei Stürzen nicht zusätzlich verletzt zu werden.

Ein Multifunktionstool oder ein Taschenmesser mit verschiedensten Funktionen leistet ebenfalls gute Dienste. Wenn Sie in einer Gruppe unterwegs sind, teilen Sie sich solche Ausrüstungsgegenstände auf. Es braucht nicht jeder Pilger immer alle Hilfsmittel.

Da Sie sicher nicht auch noch am Abend ständig mit dem Rucksack herumlaufen möchten, sollten Sie für Ihre wichtigsten und wertvollsten Dinge eine kleine Bauchtasche mitführen. Reisepass, Grüner Pass, Reiseunterlagen, Geldbörse, Kamera, Mobiltelefon und Ähnliches sollten darin Platz finden. Ihre Schmutzwäsche, Regenjacke, Schuhe, Socken und ähnliche Utensilien können

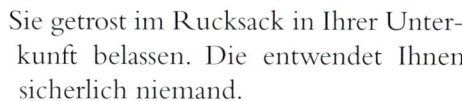

Sie getrost im Rucksack in Ihrer Unterkunft belassen. Die entwendet Ihnen sicherlich niemand.

Erste-Hilfe-Pakete mit Heftpflaster, elastischen Binden (1–2 Stk.), Tapes und Blasenpflaster gibt es bereits in handlichen Größen und unterschiedlichsten Ausführungen. Diese gehören in jeden Rucksack, nicht nur auf der Pilgerreise. Bitte überprüfen Sie vor der Reise die Vollständigkeit des Erste-Hilfe-Paketes und vor allem, ob die Medikamente nicht bereits abgelaufen sind.

Das Gleiche gilt für Ihre persönlichen Notfallmedikamente, entzündungshemmende und schmerzstillende Tabletten, eventuell schmerzlindernde Salben und Gels und vergessen Sie nicht Ihre persönlichen Dauermedikamente (Asthma, Diabetes, Bluthochdruck, Linsenflüssigkeit für Kontaktlinsen etc.). Schleppen Sie nicht zu viel und zu große Packungen an Arzneimitteln mit, Apotheken gibt es praktisch in allen Städten und selbst in den kleineren Ortschaften sind die wichtigsten Tabletten und Medikamente vorrätig. Gängige Blasenpflaster in verschiedenen Größen und Ausführungen sind ebenfalls in allen Lebensmittelgeschäften erhältlich. Das gilt ebenso für Sonnenschutz, Lippenschutz, Bandagen, Stützstrümpfe, Orthesen für Knie oder Ellbogen, Sonnenbrillen, Sonnenkappen und Sonnenhüte, die man in Drogerien und Apotheken beschaffen kann.

Das ungewohnte lange Wandern auf hartem Untergrund und zusätzlich mit schwerem Gepäck führt oft zu einer Überbelastung der Schienbeine, die zu einer Beinhautentzündung an den Vorderseiten der Schienbeine führen kann. Eine ausgesprochen schmerzhafte Angelegenheit, die bis zur Aufgabe der Pilgerreise führt. Läufer verwenden im Training und

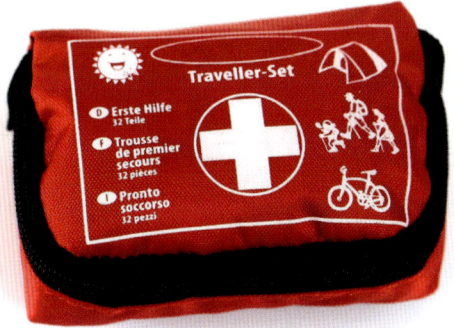

im Wettkampf seit Jahren Sportstützstrümpfe – mit und ohne Fußteil –, die dem Schienbein oberhalb des Knöchels eine gute Stabilität geben und durch den Gegendruck Venenprobleme verhindern. Sie können diese Strümpfe bereits bei der Anreise im Zug oder Bus verwenden. Das verhindert die gefürchteten und gefährlichen Thrombosen und die Füße schwellen nicht so stark an.

Hygieneartikel

Zahnpasten, Haarshampoos, Deos und Cremen gibt es in praktischen kleinen Reisegrößen. Unterwegs können Sie jederzeit alle Hygieneartikel nachkaufen.

Für die tägliche Reinigung der Unterwäsche und der T-Shirts gibt es Waschmittel in Tuben, ebenfalls in handlichen Größen. In den meisten Hotels und zum Teil in den privaten Unterkünften besteht die Möglichkeit, Wäsche gegen geringes Entgelt in Waschmaschinen zu waschen und anschließend in Trocknern zu trocknen oder im Freien zum Trocknen aufzuhängen.

Ganz praktisch sind Handtücher aus Mikrofasern, die extrem rasch trocknen und dabei wenig Platz einnehmen und kaum ins Gewicht fallen.

Bewährt haben sich für das Aufbewahren aller dieser Hygieneartikel die durchsichtigen Gefrierbeutel. Man sieht sofort, was der jeweilige Beutel enthält und mit einem Zippverschluss lassen sich diese Plastikbeutel wiederverschließen, wodurch der Inhalt vor Feuchtigkeit gut geschützt bleibt.

Diese Gefrierbeutel verwenden Sie auch zum Schutz Ihres Mobiltelefons, der Geldtasche, des Fotoapparats, des Erste-Hilfe-Pakets, der Reisedokumente und des Reisepasses zum Schutz vor Regen und Feuchtigkeit.

Bei längeren Schlechtwetterphasen empfiehlt es sich, die Wechselwäsche und alle Bekleidungsstücke ebenfalls in Plastiksäcken im Rucksack zu verstauen und so vor Feuchtigkeit zu schützen. Irgendwann wird jeder Rucksack bei Dauerregen unter dem Regenmantel durch die kondensierende Feuchtigkeit nass oder zumindest feucht. Dem beugt man mit einem zusätzlichen Schutz durch Plastiksäcke vor.

Elektrolyte und sonstige legale „Dopingmittel"

Ungewohnte Bewegungen, langes Wandern und das Tragen des mehr oder weniger schweren Rucksacks führen zu Muskelkater, Wadenkrämpfen und Verspannungen im Schulter- und Nackenbereich. Bekannt ist, dass hier Magnesiumpräparate gute Abhilfe schaffen. Einen gewissen Vorrat sollten Sie beim Start im Rucksack haben. Ob in Form von Brausetabletten oder hochdosiert in Kapselform ist dabei egal. Wir haben mit hochwertigen Magnesiumprodukten in entsprechender Dosierung gute Erfahrung gemacht. Es gibt Präparate, die mehrere pH-Werte bei der Aufnahme in den Körper abdecken. Diese haben durch das breitere Aufnahmespektrum von Magnesium im Darm eine erhöhte Wirksamkeit. Billigere Produkte haben als Magnesiumcitrat nur einen eingeschränkten Aufnahmebereich (pH-Wert) und erzielen damit nicht immer die gewünschte volle Wirkung.

Achten Sie permanent auf eine ausreichende Wasserzufuhr über den Tag verteilt. Schon im normalen Alltag sollten Sie 1 bis 1 ½ Liter Flüssigkeit – am besten reines Wasser – pro Tag trinken. Bei Anstrengung, Hitze und sogar bei Regen erhöht sich der Flüssigkeitsbedarf deutlich. Bereits 2 % Abweichung – der menschliche Körper besteht aus 70–80 % Wasser – bringen unseren Wasserhaushalt völlig aus dem Gleichgewicht. Die Folge sind massive körperliche Beschwerden wie Schwindel, Übelkeit, Kopfschmerzen bis hin zu einem Kreislaufkollaps. Wenn Sie bemerken, dass Sie durstig werden, haben Sie den kritischen Punkt zumeist bereits überschritten und befinden sich schon auf dem Weg in die Dehydrierung. Regelmäßige Trinkpausen während des Wanderns beugen diesen Problemen vor. Gibt es im Westen vor allem in Tirol und Vorarlberg in jedem kleinen Dorf zumindest einen öffentlichen Trinkbrunnen, fehlen diese Nachschubmöglichkeiten in Nieder- und Oberösterreich praktisch völlig. Dort gibt es Tagesetappen ohne öffentlich zugängliche Trinkbrunnen, obwohl man zumeist entlang eines Flusses wandert.

Bier ist zwar ein elektrolytisches Getränk, das vom Körper optimal verstoffwechselt – aufgenommen und wieder ausgeschieden – wird, untertags sollten Sie aber auf den Genuss verzichten. Gegen ein „Ankunftsbier" am Ziel der jeweiligen Pilgeretappe sowie am Abend zur Entspannung gibt es nichts einzuwenden. Während des Pilgerns macht übermäßiger Bierkonsum jedoch müde und kann zu unerwünschten „Nebenwirkungen" wie Stolpern, Stürzen und anderen Unfällen führen. Bier wirkt entwässernd, fördert daher den Wasserverlust zusätzlich. Bei Genuss von 0,5 Liter Bier werden 0,6 Liter Flüssigkeit ausgeschieden! Gleichen Sie daher den Wasserverlust nicht ausschließlich mit Bier aus!

Von gesüßten alkoholfreien Limonaden wie Cola und Energydrinks raten wir ebenfalls ab. Diese enthalten Unmengen an Zucker, wirken aber nur kurzfristig leistungssteigernd. Als langfristige Durstlöscher eignen sich Limonaden auch nicht. Gängige Trinkflaschen aus Metall, zumeist aus Aluminium, sind optisch attraktiv, haben aber ebenso wie Hartplastikflaschen ein entsprechendes Eigengewicht. Zumeist sind diese Trinkflaschen nur auf 0,5 bis 0,7 Liter ausgelegt und sollten täglich gründlich gereinigt werden. Praktischer und

Gewicht sparender ist die Verwendung von PET-Flaschen (leider Einwegflaschen), die es in allen Geschäften in Größen von 0,5 bis 1,5 Liter Wasser mit und ohne Kohlensäure zu kaufen gibt. Als „Notfallration" empfiehlt es sich einige Müsliriegel, Schokoriegel, Kekse oder ähnliches im Rucksack leicht greifbar zu haben, um den Zuckerspiegel bei einem Leistungseinbruch schnell wieder anzuheben. Wie üblich gilt, nicht zu viel mitschleppen, ein Einkauf auf der Tour ist (fast) überall möglich.

Wien und Niederösterreich

Route durch Wien:
Stephansplatz → Schönbrunn → Purkersdorf
19 km in 4–5 Stunden

Charakter der Etappe

Wie schon in der Einleitung erwähnt, beginnen wir die Beschreibung des Jakobsweges mit dem Start am Stephansplatz im Zentrum von Wien. In unmittelbarer Nähe des Stephansdoms, am Stephansplatz Nr. 6, befindet sich das Pilgerbüro, wo man sich gegen eine Spende noch schnell den Pilgerpass und weiterführende Informationen zum Jakobsweg besorgen kann. Da viele Jakobspilger öffentlich anreisen, bietet sich die heutige Startetappe für eine Besichtigung der Wiener Innenstadt an. Man kann dann Teile des ersten Wandertages mit öffentlichen Verkehrsmitteln zurücklegen. Der Dom zu St. Stephan ist das geistliche Zentrum der Hauptstadt. Die heutige Flachetappe als Beginn des Jakobsweges führt vom Stephansplatz über den Graben, die Flaniermeile von Wien, vorbei an der Peterskirche, durch die Hofburg, über den Heldenplatz, zwischen Kunst- und Naturhistorischem Museum durch, entlang der verkehrsberuhigten Mariahilfer Straße über den Westbahnhof stadtauswärts zum Schloss Schönbrunn. Eine Wanderung, die durch Geschichte und Baukultur einer Großstadt geprägt ist. Weiter folgt der Weg am Radweg dem Wienfluss in Richtung Wienerwald und Westeinfahrt über Hütteldorf bis Auhof und dann am Wienradweg bis ins Ortszentrum von Purkersdorf. Wien lag nicht, wie oft fälschlicherweise angenommen wird, an der Donau, sondern am Wienfluss. Heute hat sich die Großstadt, nach der Regulierung der Donau und deren Überschwemmungsgebieten weit über die Donau nach Osten hin ausgedehnt; namensgebend war aber der Wienfluss.

Bei Auhof zweigt der Weg entlang den Ausläufern des Wienerwaldes nach rechts, nach Purkersdorf, ab, dem ersten Ziel am Jakobsweg.

Wer sich die Wanderungen mit Gepäck durch eine belebte Stadt ersparen möchte, kann mit der U-Bahn vom Stephansplatz beziehungsweise ab dem Karlsplatz (auch eine prächtige Kirche, die man besichtigen sollte) mit der U3 bis zu deren Endstation zum Bahnhof

Schloss Schönbrunn

Hütteldorf fahren und dort in den Radweg entlang des Wienflusses einsteigen. Oder vom Bahnhof Hütteldorf mit Bussen sogar bis nach Purkersdorf weiterreisen, wenn man die erste Etappe abkürzen möchte.

Übernachtungsmöglichkeiten in Purkersdorf über Info Wienerwald Tourismus GmbH (Tel.: 02231-62176).

Wegverlauf

Start vor dem Hauptportal des Stephansdoms (184 m). Linker Hand geht es am Haashaus vorbei, rechts biegen wir in den Graben, vorbei an der rechts liegenden Peterskirche bis zum Ende des Grabens. Beim Feinkostgeschäft Meinl zweigen wir nach links auf den Kohlmarkt ab und gelangen über den Kreisverkehr am Michaelerplatz durch das Tor in die Hofburg. Durch die Innenhöfe der Hofburg führt der Weg auf den Heldenplatz und geradeaus über den Ring zwischen Kunst- und Naturhistorischem Museum durch zum Museumsquartier. Weiter geht es entweder durch das Museumsquartier oder direkt zur Mariahilfer Straße. Zum Westbahnhof verläuft der Weg leicht ansteigend. Richtung Westen gelangen wir über die Äußere Mariahilfer Straße bis zum Auer-Welsbach-Park vor dem Technischen Museum. Durch den Park wandern wir nach Südwesten, bis zum Hauptportal und Eingang von Schloss Schönbrunn.

Weiter, nachdem wir die große Kreuzung vor dem Eingang zum Schloss Schönbrunn überquert haben, spazieren wir durch den Hadikpark. Bei der Kennedybrücke gehen wir unter der Brücke hinüber zum rechten Wienflussufer, dort beginnt der Radweg und führt uns immer weiter nach Westen. Wir erreichen eine Fußgängerüberführung, die zum Bahnhof Hütteldorf (207 m) führt und bleiben dann am Weg dem Wienfluss entlang bis zu einem Hochwasserrückhaltebecken und dort geht es wieder unter einer Straßenbrücke hindurch. Nach der Einmündung des Mauerbachs überqueren wir die Brücke und bei einer Kreuzung biegen wir rechts auf die asphaltierte Hauptstraße ab. Weiter folgen wir einem Abzweiger zur Wallfahrtskirche Mariabrunn (225 m). Von dort führt uns der Weg durch die Pfarrgasse linker Hand wieder zum Wienfluss zurück und flussaufwärts weiter. Oder Sie bleiben gleich vor der Wallfahrtskirche auf dem Radweg, vorbei am Überflutungsgebiet. Hinter der Bahngasse trifft der Weg wieder auf die Hauptstraße. Auf dieser geht es links weiter zwischen Wienfluss und der Bahnstrecke am Wienflussradweg. Dann biegen wir nach rechts zum Bahnhof Unterpurkersdorf ab und wandern links weiter auf der Bahnhofstraße, anschließend zweigen wir nach rechts auf die Wiener Straße ab und gelangen durch eine Unterführung zum Hauptplatz direkt ins Zentrum von Purkersdorf (248 m). Die Pfarrkirche ist dem Heiligen Jakobus d. Ä. geweiht und es gibt auch einen Jakobusplatz.

Bei Purkersdorf im Wienerwald

Purkersdorf → Siegersdorf
26 km in 6 – 7 Stunden

Charakter der Etappe

Diese Etappe des Jakobsweges führt auf Forstwegen, Schotterstraßen und Waldwegen von Purkersdorf über den Buchberg und den Troppberg durch den Wienerwald. Der Weg ist ab jetzt bis Herzogenburg sehr gut markiert, einerseits mit dem weiß-grün-weißen Jakobswegsymbol als Zusatzhinweis zu den jeweiligen gelben Markierungen der Wanderwege. Teilweise sind zusätzlich eigene Schilder „Österreichischer Jakobsweg" aufgestellt. Ab Ried, Sieghartskirchen und entlang des weiteren Wegverlaufs bis Herzogenburg gibt es jeweils vor den Kirchen Übersichtstafeln mit Hinweisen auf Besonderheiten in der Gemeinde und Übernachtungsmöglichkeiten. Bei Ried am Riederberg erreichen wir vom Wienerwald her kommend die Ausläufer des Tullnerfeldes. Der Wald tritt in den Hintergrund und der Weg verläuft durch Hügel, entlang eines Baches über

Purkersdorf

Sieghartskirchen mit einer schönen Kirche und einem Jakobsbrunnen in den Ort Siegersdorf. Hier gibt es sogar eine Selbstversorgerhütte für Jakobswegpilger. Gegen eine freiwillige Spende kann man hier übernachten – im eigenen Schlafsack!

Der Wienerwald zeigt sich jahreszeitlich sehr unterschiedlich. Im Sommer bilden die vorwiegend aus Buchen bestehenden Wälder ein dichtes Laubdach, was ein schattiges Wandern ermöglicht, im Herbst und Winter sind die Bäume ohne den Schutz der Blätter, dafür ist die Sicht nicht so eingeschränkt. Nach der Flachetappe aus Wien heraus steigt der Weg ab Purkersdorf zuerst sehr steil an und es sind doch einige Höhenmeter auf gut markierten Wegen zu überwinden. Trinkwasser gibt es bei einer Quelle in der Nähe der Klosterruine eines durch einen Brand zerstörten Franziskanerklosters unterhalb des Troppberges.

Übernachtungsmöglichkeiten in Gasthöfen in Sieghartskirchen (Tourismusbüro, Tel.: 02274-5005), Siegersdorf oder Würmla.

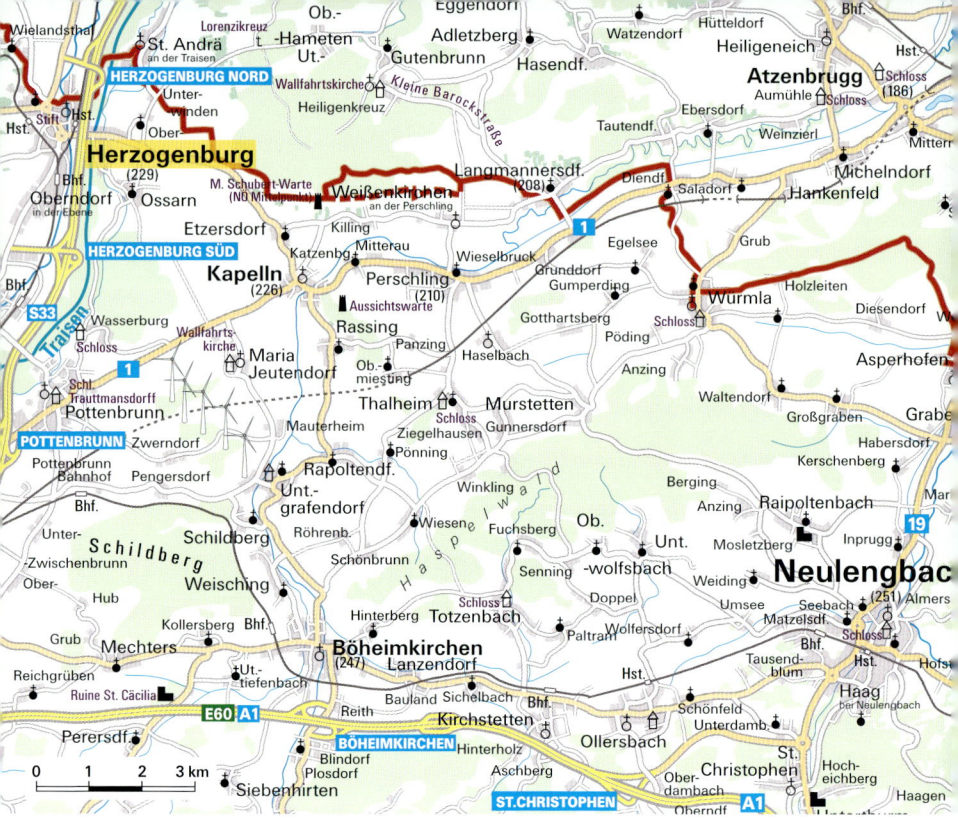

Wegverlauf

Start bei der Kirche in Purkersdorf (542 m). Am Jakobusplatz, unmittelbar hinter der Kirche, befindet sich eine Jakobsweg-Übersichtskarte mit dem Wegverlauf über den Troppberg. Leicht bergauf führt uns der Weg in der Kaiser-Josef-Straße in Richtung Friedhof. Nach 150 Metern geht es rechts steil ansteigend in die Berggasse, gegenüber dem Haus „Feuchtl am Jakobsweg" wieder rechts der Markierung folgend, zuerst noch auf Asphalt, dann auf einem schmalen Waldweg ansteigend. Immer weiter folgen wir der weiß-grün-weißen Markierung in Richtung Buchberg und auf einer breiten Schotterstraße durch Wald und freie Flächen auf den Troppberg (542 m). Am Aussichtsturm am Troppberg vorbei, wandern wir, der Markierung folgend, jetzt bergab in Richtung „Klosterruine". Hier erreicht der Jakobsweg den Weitwanderweg 404 und ist jetzt

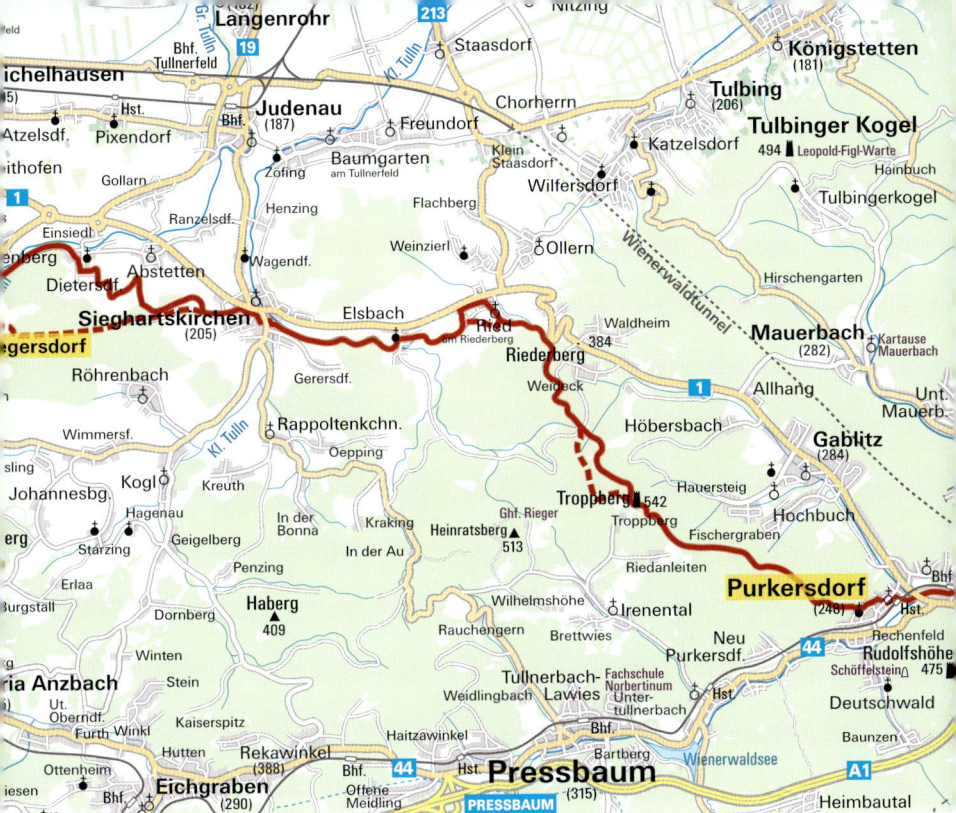

rot–weiß–rot und weiß–rot–weiß markiert. Vorbei an der Klosterruine (320 m) eines ehemaligen Franziskanerklosters, das durch
einen Brand zerstört wurde, geht es weiter bergab. Im Wald und am
Waldrand entlang erreichen wir den Ort Ried am Riederberg über
die Kirchgasse. Vor der Kirche ist wieder eine große Übersichtstafel
zum weiteren Wegverlauf angebracht. Unter der Kirche linker Hand
ortsauswärts, wandern wir auf einem Feldweg entlang eines Baches
nach Elsbach und, weiter dem Bachverlauf folgend, nach Sieghartskirchen (206 m). Wir orientieren uns an den Jakobsweg-Schildern
und so geht es durch die Feldgasse bergauf und bergab durch Wäldchen und Felder in Richtung Dietersdorf. Von dort – im Tal der
Großen Tulln – führt uns der Weg in einem weiten Bogen in süd-
licher Richtung nach Siegersdorf (208 m).

Im Innenhof des Stiftes Herzogenburg

Siegersdorf → Würmla → Herzogenburg
29 km in 7–8 Stunden

Charakter der Etappe

Nach der Wienerwaldetappe des Vortages mit dem Anstieg über den Troppberg folgt heute wieder eine eher flachere Etappe durch das Tullnerfeld, vorbei am „Mittelpunkt von Niederösterreich" durch Felder, die Westbahnstrecke unterquerend über Langmannersdorf, Perschling, Oberwinden, Unterwinden und St. Andrä an der Traisen ins Traisental. Landschaftlich ist die Etappe durch das Tullnerfeld nicht unbedingt die schönste und abwechslungsreichste auf dem Jakobsweg. Die langen Strecken auf Feldwegen, dem Hochwasserkanal und am Waldrand entlang bieten kaum Abwechslung. Vor Herzogenburg bei St. Andrä erreichen wir das Tal der Traisen und folgen diesem nach Süden parallel zur Kremser Schnellstraße. Auf dem markierten Jakobsweg erreichen wir den Ort Herzogenburg mit seinem beherrschenden gleichnamigen Barockstift beim großen Parkplatz vor dem Stift. Im Stift gibt es Übernachtungsmöglichkeiten (Tel. 027 82-831 12) und in der Stadt in Gasthöfen und Privatzimmern (Tourismusbüro Herzogenburg, Tel.: 02782-83321).

Wegverlauf

Beginn in Siegersdorf (208 m), der Weg orientiert sich ortsauswärts auf der Große-Tulln-Straße nach Süden, wir folgen den Jakobsweg-Markierungen rechter Hand zur Großen Tulln, dann entlang des Flusses und bei einem Steg überqueren wir den Fluss. Danach geht es bergauf zu einer Holzkonstruktion der Kisserwarte. Achtung! Hier folgen wir nicht dem abzweigenden, markierten Wanderweg, sondern gehen geradeaus weiter – leider ist hier eine kurze Strecke unmarkiert. Dann, wieder den Jakobsweg-Markierungen folgend, bergauf und bergab in Richtung Würmla (228 m). Abstecher ins Ortszentrum nach links oder es geht gleich auf der Straße rechts ortsauswärts am Friedhof vorbei ansteigend in Richtung Norden. Nach dem Friedhof zweigt nach 100 Metern eine asphaltierte Nebenstraße mit einem Jakobswegweiser ab. Diesem folgen wir und nach rund 1 km zweigen wir nach einer S-Kurve in ein kleines Wäldchen mit einem Kellerstöckl in Richtung Westbahn ab. Die Bahnstrecke unterquerend erreichen wir den Ort Diendorf mit einem Jakobswegbrunnen. Rechter Hand gehen wir 50 Meter entlang der Wiener Straße, überqueren diese und biegen nach Norden in Richtung Tautendorf ab. Am Hochwasserkanal geht es nach rechts, dann folgen wir diesem nach Westen auf einem Feldweg und zweigen nach rund 2 km auf einer Asphaltstraße nach rechts in den Ort Langmannersdorf ab. Neben der Kirche befindet sich ein Jakobsbrunnen und eine weitere Übersichtstafel. Der Weg führt jetzt weiter nach Westen am Feuerwehrhaus vorbei, dann nach rechts aus Langmannersdorf hinaus. 300 Meter nach dem Ortsende ist eine Abzweigung markiert, hier geht es nach links durch Felder und am Waldrand entlang nördlich an Weißenkirchen an der Perschling und dem Mittelpunkt von Niederösterreich (226 m) vorbei (Abstecher möglich). Kurz wandern wir entlang der Landesstraße, dann biegen wir wieder nach rechts durch Felder über Oberwinden nach Unterwinden ab. Dort die Straße querend erreichen wir St. Andrä an der

Das Benediktinerstift Göttweig

Traisen. Vorbei an der Pfarrkirche zweigen wir links zur Traisen ab, gehen durch Felder und ein Waldstück. Die Traisen überqueren wir auf einer Brücke und dann biegt der Weg parallel zur Traisen und der Kremser Schnellstraße nach Süden ab. Durch eine Unterführung, dann die Traisenbahn (Schmalspurbahn) querend, erreichen wir bei einem Sportplatz den Ort Herzogenburg (229 m). Entlang der Klostermauer geht es rechter Hand zum Eingangsportal des Stiftes beim großen Parkplatz.

Herzogenburg → Mautern
22 km in 5−6 Stunden

Charakter der Etappe

Bis Mautern sind es heute nur etwas über 20 Kilometer, was genug Zeit lässt, die beiden Stifte Herzogenburg am Start und Göttweig zur Mitte der Tagestour ausgiebig zu besichtigen. Asphalt und Feldwege wechseln sich ab, wobei selbst durch die Weinberge der Asphaltanteil recht hoch ist.

Die heutige Tagesetappe beginnt beim Augustiner-Chorherren-stift in Herzogenburg. Das barocke Gesamtkunstwerk blickt auf eine 900 Jahre lang ununterbrochene Klostertradition zurück. Der Jakobsweg führt von dort über Felder und Wiesen durch die Ausläufer des Tullnerfeldes. Das Renaissanceschloss Walpersdorf – heute eine beliebte Hochzeitslocation – hinter uns lassend, kommen wir an der Wallfahrtskapelle Maria Ellend vorbei und in einem steilen Aufstieg bezwingen wir das von allen Seiten bereits weithin sichtbare Benediktinerstift Göttweig. Das bereits 1083 gegründete Stift wird durch seine Lage oft als „österreichisches Montecassino" bezeichnet. Die heutige Stiftsanlage mit der Stiftskirche wurde nach den Plänen des großen Barockarchitekten Johann Lucas von Hildebrandt errichtet und präsentiert sich nach umfangreichen Restaurierungsmaßnahmen in prächtigem Glanz. Von der Aussichtsterrasse des Stiftsrestaurants ist der weitere Wegverlauf der Tour nach Norden in Richtung Donau und in die Wachau durch Weingärten und Obstanlagen gut zu erkennen. Die Wachauer Marille ist neben dem Grünen Veltliner und dem Smaragdriesling die Besonderheit der Wachau. Das östlichste Ende der Wachau erreichen wir in Mautern

Stiftskirche in Göttweig

an der Donau – gegenüber der Stadt Krems gelegen. Mautern war immer schon eine wichtige Mautstation, konnte man doch hier den Schiffsverkehr durch die Wachau gut überwachen und vor allem besteuern. Der Ort lag in der Römerzeit am Limes, der Grenzbefestigung gegen die Germanen und Awaren, die immer wieder Einfälle über die Donau unternommen haben. Mautern war auch Wirkstätte des heiligen Severin, dessen Gebeine die Römer beim Rückzug aus Österreich in den Wirren der Völkerwanderungszeit nach Rom mitgenommen haben.

Wegverlauf

Der Jakobsweg beginnt am Haupteingang beim Parkplatz von Herzogenburg (230 m) und führt linker Hand über einen Kreisverkehr (2. Ausfahrt) auf die Kremserstraße. Links zweigt der Weg nach Wielandsthal ab – wir wandern zuerst auf Asphalt, dann auf Feldwegen vorbei an einem Weingut. Rechter Hand spazieren wir durch den Ort und dann geht es nach links ansteigend voran. Durch Ackerbaugebiet und vorbei an zwei Bildstöcken kommen wir in den Ort Walpersdorf mit dem bekannten gleichnamigen Renaissanceschloss. Wir gehen am Haupteingang des Schlosses vorbei und durch den Torturm. Dann überqueren wir die Straße dahinter und links führt uns der Jakobsweg durch eine Kellergasse bergauf. Weiter auf Schotterwegen, vorbei am „Roten Kreuz" mit Hinweisschildern zu mehreren Wegvarianten, gelangen wir zur kleinen Wallfahrtskirche Maria Ellend (325 m) mit einer Rastmöglichkeit unter Schatten spendenden Bäumen. Bergab auf der Asphaltstraße geht es in Richtung Paudorf. Das Stift Göttweig ist schon gut am gegenüberliegenden Berg erkennbar. Die Landstraße querend erreichen wir Paudorf. Achtung! Hier enden leider vorübergehend die Jakobsweg-Markierungen bis zum Stift Göttweig. Orientieren kann man sich jetzt an den weinroten Hinweistafeln, die ins Benediktinerstift führen. Am Ortsende von Paudorf überqueren wir bei der Bushaltestelle „Stift Göttweig Abzweigung" zwei Straßen und folgen den besagten weinroten Markierungen, die in Serpentinen im Wald bis zum Parkplatz des Stiftes (425 m) führen. Es gibt mehrere Varianten, alle führen jedoch ins Stift, das auf der Anhöhe thront. Nach der Besichtigung des Stiftes gehen wir zurück zum Parkplatz und dann weiter – wieder markiert – rechter Hand auf einem steilen Fußweg durch den Wald in den Ort Aigen. Durch den Ort folgen wir den Jakobsweg-Schildern und zweigen dann linker Hand ab. Die Strecke verläuft nun ansteigend durch den Zellergraben, eine tief eingeschnittene Lössformation. Ab jetzt verläuft der Jakobsweg durch die Weingärten in Richtung Norden. Durch eine lange Allee erreichen wir den Ort Mautern (200 m). Nach links ins Zentrum mit der Kirche und der Brücke über die Donau in Richtung Krems abzweigen.

Übernachtungsmöglichkeiten in Krems oder Privatquartiere in Mautern, Stadtgemeinde Mautern (Tel.: 02732-83151).

Mautern → Aggsbach Dorf
29 km in 8–9 Stunden

Charakter der Etappe
Die beiden nächsten Etappen des Jakobsweges führen durch die Wachau. Wer die Vorstellung hat, dass der Weg entlang der Donau

gemächlich stromaufwärts führt, wird leider enttäuscht sein. Nach einer kurzen Strecke von Mautern bis Mauternbach auf Asphalt zweigt der Jakobsweg – hier über weite Strecken als Welterbesteig markiert – in den Dunkelsteiner Wald ab. Erfreulich ist der geringe Anteil an Asphalt auf diesem Wegabschnitt. Steil bergauf und auch immer wieder bergab führt hier der Jakobsweg auf Waldwegen, ehemaligen Römerwegen und Nebenstraßen weit weg vom Donautal, das man nur bei einem Abstecher zur Ferdinand-Warte und bei der Burg Aggstein in der Tiefe erblickt. Mehr als 700 Höhenmeter im Auf- und Abstieg sind heute zu bewältigen, zwar zumeist auf schattigen, schönen Waldwegen, aber leider bis Maria Langegg gänzlich ohne Wasser! Von Maria Langegg mit Kirche und dem gleichnamigen Kloster geht es noch rund 1 ½ Stunden im Wald zur Ruine Aggstein, die mächtig über dem Donautal thront und die unbedingt besucht werden sollte. Die Burg – ursprünglich aus dem 12. Jahrhundert und im Besitz der Kuenringer – ist heute restauriert und

Am Schoberstein

gibt einen guten Einblick in das Leben des späten Mittelalters. Steil führt der Jakobsweg jetzt in Richtung des Kartäuserdorfes Aggsbach Dorf, parallel zur Asphaltstraße bergab. Nach Regen sollten Sie hier anstelle des „Eselsteigs", der den ursprünglichen Zugang zur Burg bildete, besser die asphaltierte Zufahrtsstraße zum Parkplatz benutzen. In einem letzten Gegenanstieg durch den Dunkelsteiner Wald erreichen wir den Ort Aggsbach Dorf mit dem unter Kaiser Joseph II. aufgehobenen Kartäuserkloster.

Diese erste Tagestour durch den Dunkelsteiner Wald ist von der Länge und den körperlichen Herausforderungen nicht zu unterschätzen. Es sind auf dieser Etappe mehr Höhenmeter zu bewältigen als beispielsweise über den Arlberg. Hilfreich ist eine

„Wanderkarte Wachau", welche bei der Touristeninformation und in Beherbergungsbetrieben erhältlich ist. Hier ist sowohl der Jakobsweg als auch der Welterbesteig genau markiert, auch mit allen Wegvarianten.

Wegverlauf

Vorbei an der Kirche in Mautern (200 m) und am Römermuseum führt uns der Jakobsweg nach Westen noch eben auf der Straße in Richtung Mauternbach. Am Weinhof vorbei steigt dann der Weg in Mauternbach linker Hand in den Dunkelsteiner Wald an. Bei einem Wegweiser „Römerstraße Steinplatte" folgt ein steiler Anstieg durch einen Hohlweg und entlang von Weingärten führt der Weg auf den Höhenrücken des Dunkelsteiner Waldes. Bei einer Wegkreuzung bringt uns ein Stichweg in etwa 7 Minuten zur Ferdinand-Warte (362 m), mit Ausblick auf das gegenüberliegende Dürnstein und die Donau. Der Weg führt, als Welterbesteig und Jakobsweg markiert, auf einer Schotterstraße, dann am Waldrand und durch Felder in Richtung Westen. Bei einer Teilung des Jakobsweges bleiben wir auf dem Hauptweg und biegen nicht nach links ab. Der Weg führt jetzt in den Wald, zunächst auf einer Forststraße und später auf einem schmaleren Weg zum „Roten Kreuz" (513 m), einer Weggabelung, wo sich viele Wege aus der Wachau treffen. Der Jakobsweg-Markierung in Richtung Schoberstein (618 m), einer markanten Felsformation, linker Hand folgend, geht es dann vorbei an einem Tümpel bergab und beim sogenannten Herrenplatzl steigen wir zum Kreuzberg (697 m) hinauf. Weiter den Markierungen folgend, entlang der sogenannten Schwarzleiten auf Waldwegen und Forstwegen, erreichen wir eine

Rotes Kreuz

asphaltierte Straße beim „Kastlkreuz" (652 m). Hier linker Hand dem Straßenverlauf folgend, zweigt nach 50 Metern rechts ein schmaler Fußweg ab, auf dem wir nach 10 Minuten entlang eines Zauns nach Maria Langegg (511 m) kommen. Bei der Hauptstraße, gegenüber des Langeggerhofes, befindet sich ein Trinkbrunnen und die Markierung in Richtung der Ruine Aggstein (495 m), die wir auf Schotterwegen in 1½ Stunden erreichen. Die Besichtigung der Ruine ist gebührenpflichtig. Vom Parkplatz vor der Ruine Aggstein folgen wir der Asphaltstraße talwärts, die nach 50 Metern rechts in den Wald abzweigt und steil ins Tal führt. Einmal kreuzen wir wieder die Asphaltstraße, um dahinter gleich wieder parallel zur Straße im Wald bergab zu gehen. Bei einer Wegkreuzung führt der Weg linker Hand an einem Feld vorbei, dann wieder steil bergauf im Wald in Richtung Süden weg von der Donau nach Aggsbach Dorf (240 m).

100 Meter Höhenanstieg führen uns auf den Höhenrücken und weiter auf einem Feldweg talwärts nach Aggsbach Dorf. Achtung! Am Höhenrücken nicht dem Wegweiser Aggsbach Dorf folgen, das ist ein Umweg von rund 2 Kilometern entlang des Höhenrückens nach Westen. Bergab am Feldweg liegt gut sichtbar bereits das ehemalige Kartäuserkloster Aggstein im Tal.
Übernachtungsmöglichkeiten in einigen Pensionen und Gasthöfen in Aggsbach Dorf. Tourismusinformation ARGE Dunkelsteiner Wald (Tel.: 02752-80378).

Aggsbach Dorf → Maria Taferl
32 km in 8–9 Stunden

Charakter der Etappe
Der zweite Etappentag durch die Wachau beginnt in Aggsbach Dorf mit der Entscheidung, ob wir am markierten Jakobsweg/Welterbesteig über Gerolding und Schönbühel nach Melk und weiter in den Marienwallfahrtsort Maria Taferl wandern oder von Aggsbach Dorf 1½ Kilometer zur Donau marschieren und von dort entlang des asphaltierten Radweges über Schönbühel nach Melk pilgern. Über Gerolding ist der Weg etwa 2 Stunden länger, bei rund 200 zusätzlichen Höhenmetern. Diese „gewonnene" Zeit lässt sich gut in die Besichtigung des Benediktinerstiftes Melk investieren. Ab dem Schloss Schönbühel vereinigen sich die beiden Wege wieder. Bei regnerischem Wetter ist der Radweg zu bevorzugen. Der Asphaltanteil dieser Wanderung steigt bei der Radwegvariante auf rund 80% an, über Gerolding sind es anfänglich die vom Vortag bekannten Waldwege. Das Schloss Schönbühel, leider nicht zugänglich, da in Privatbesitz, ragt auf einem mächtigen Felsen direkt in die Donau hinein. Die Ursprünge gehen auf die Römerzeit als Teil des Limes, der Befestigungsanlage gegen Germanen und Awaren, zurück. Vom Schloss ist sowohl die Burgruine Aggstein als auch im Westen bereits das Benediktinerstift Melk gut zu erkennen. Entlang des Radweges führt der Jakobsweg in die Stadt Melk mit dem Aufstieg zum über der Stadt liegenden Stift Melk, einer prachtvollen Barockanlage mit Gärten und Bibliothek, die unbedingt besichtigt werden sollte.

Schloss Schönbühel

Über eine Eisenbrücke, die einen Entlastungsarm der Donau quert, führt der Jakobsweg durch einen Auwald zur Donau, vorbei an den Schiffshaltestellen der zahlreichen Donauschiffe, die hier Station machen. Dem Radweg donauaufwärts folgend, queren wir beim Kraftwerk Melk auf einer breiten Staumauer die Donau und erreichen das andere Donauufer mit dem Treppelweg, der dem Radweg entlang der Donau entspricht. Der Weg führt anschließend rechter Hand die Bundestraße 1 querend über Leiben nach Artstetten. Schloss Artstetten ist heute eine Gedächtnisstätte für den in Sarajevo mit seiner Frau ermordeten Thronfolger Franz Ferdinand. Der Marienwallfahrtsort Maria Taferl bietet sich als Endpunkt dieser sehr langen, wenn man den Radweg benutzt, aber durchaus machbaren Tagesetappe an.

Im Marienwallfahrtsort gibt es mehrere Übernachtungsmöglichkeiten. Touristeninformation Gemeinde Maria Taferl (Tel.: 07413-7040).

Eingang zum Stift Melk

Wegverlauf

In Aggsbach Dorf (200 m) bei der Kartause führt der Jakobsweg parallel zur Straße entlang eines Baches, diesen queren wir und wandern auf einer Schotterstraße bergauf im Wald in Richtung Wolfstein. Wieder auf der Straße geht es nach dem Ort rechter Hand durch den Wald in den Ort Gerolding (390 m). Weiter führt uns der Weg wieder nach Norden in Richtung Donau auf der Hohenwarther Straße nach Schönbühel (210 m). Von Aggsbach Dorf dem Bach abwärts folgend, auf einem Gehsteig zur Donau, die Straße queren und dann nach Westen dem gut markierten Radweg bis Melk (213 m) folgen. In Schönbühel trifft der Jakobsweg wieder auf den Radweg. Der Jakobsweg macht in der Folge noch einen „Umweg" durch den Ort Hub. Schneller ist der Weg am Radweg nach Melk. Wir verlassen Melk über den Hauptplatz und die Kremser Straße, überqueren die „Leopoldbrücke", eine Eisenkonstruktion, über den Melkfluss, und wandern durch den Auwald zur Donau.

Linker Hand, vorbei an den Anlegestellen der Donauschiffe, donauaufwärts in Richtung Kraftwerk Melk, wo wir über die Donau ans Nordufer wandern. Auf einem Damm, der auch ein Radweg ist, wandern wir einen Kilometer stromaufwärts, dann rechts markiert als Jakobsweg über den Ort Urfahr (217 m). Die Donauuferstraße wird überquert und den als „Weitwanderweg Nibelungengau" ausgeschilderten Weg wandern wir bergauf. Vorbei am Wetterkreuz erreichen wir den Ort Leiben (290 m). Auf Asphalt geht es weiter über Losau, dann ansteigend auf Feldwegen nach Artstetten (395 m). Achtung! Der Einstieg in den Jakobsweg, der hier auch als Nr. 22 rot-weiß-rot markiert ist, ist hier etwas schwer zu finden. Ab Artstetten gibt es wieder gute Markierungen, die bergauf und bergab in den Marienwallfahrtsort Maria Taferl (443 m) führen.

Maria Taferl → Blindenmarkt
27 km in 7–8 Stunden

Charakter der Etappe

Vom Marienwallfahrtsort Maria Taferl, der hoch über dem Donautal liegt, bietet sich uns eine toller Ausblick ins breite Donautal und die Alpen im Hintergrund. Wir steigen auf einem „Bußweg" genannten, sehr steilen Steig in den Ort Marbach an der Donau ab und folgen dem Jakobsweg stromaufwärts auf dem Donaudamm, der auch Donauradweg ist. Vor Persenbeug zweigen wir in den Ort ab, um beim Kraftwerk Ybbs/Persenbeug die Donau wieder nach Süden zu überqueren. Hier teilt sich der Jakobsweg in eine etwas längere, aber gut markierte Variante, die mit einigen Höhenmetern über Hengstberg, Neustadtl an der Donau, Stift Ardagger und Stephanshart nach Zeillern führt. Diese Variante ist für eine Tagesetappe zu lang und eine sinnvolle Teilung ist nicht möglich, außer man unterbricht bereits nach nur 3–4 Stunden die Tagesetappe in Ybbs. Daher beschreiben wir die etwas kürzere, leider schlecht bis gar nicht markierte „Jakobswegvariante", die vom Ort Ybbs der Ybbs entlang nach Blindenmarkt führt. Die Wegkarte bezieht sich auch auf diese Variante. Der nächste Tag führt dann von Blindenmarkt über Amstetten nach Zeillern, wo sich die Wege wieder

treffen. Landschaftlich ist der heutige Tag nicht sehr abwechslungsreich und attraktiv. Zuerst geht es lange Zeit am Treppelweg der Donau entlang, dann durch die Städte Persenbeug und Ybbs mit leider sehr wenigen bis gar keinen Markierungen. Anschließend wandern wir entlang der Ybbs, queren die B1, A1 und die Westbahnstrecke, und weiter entlang dieser Hauptverkehrsadern durch die Ybbsauen Richtung Westen in den Ort Blindenmarkt. In den Auwäldern kommen wir an einigen Schotterteichen vorbei, die aus der Zeit des Autobahnbaus stammen und heute als Badeseen oder Fischteiche genutzt werden. Leider gibt es, entgegen unseren Erwartungen, kein frei zugängliches Trinkwasser.

Die große Herausforderung dieses Abschnittes und des nächsten Tages bis nach Amstetten ist das völlige Fehlen von Jakobsweg-Markierungen. Es gibt auch keine anderen Wanderwege, anhand derer wir uns besser zurechtfinden könnten. Ein wirklich „blinder Fleck" am Jakobsweg. Dennoch können wir uns recht gut an

Maria Taferl

dem Verlauf der Autobahn, der Bundesstraße 1 nach Westen und der Ybbs orientieren.

Übernachtungsmöglichkeiten in Blindenmarkt in Gasthöfen und in Privatquartieren.

Wegverlauf

Am Hauptportal der Kirche Maria Taferl (443 m), führt linker Hand eine steile Treppe talwärts in Richtung Donau. Durch Wald und über den sogenannten Bußweg geht es in den Ort Marbach a. d. Donau und rechter Hand am Treppelweg donauaufwärts bis knapp vor Persenbeug (230 m). Bei der Pfarrkirche spazieren wir rechter Hand durch den Ort und verkürzen damit die Donauschlinge. Weiter wandern wir in Richtung des Kraftwerks Persenbeug, bei dem wir wieder an das andere Donauufer nach Ybbs (227 m) wechseln. Unmittelbar nach dem Kraftwerk teilt sich der Jakobsweg. Die Variante über Neustadtl und Hengstberg nach Zeillern zweigt hier rechter Hand über den Berg markiert ab. Der Weg (unmarkiert) über Blindenmarkt und weiter nach Amstetten führt uns entlang der Donau jetzt kurze Zeit donauabwärts ins Zentrum von Ybbs. Bei der Pfarrkirche verlassen wir den Ort dann in Richtung Süden auf der Wiener Straße, der Markierung „Rundwanderweg Nibelungengau" folgend. Bei einer Kreuzung im Gewerbegebiet geht unsere heutige Etappe links weiter stadtauswärts auf der Bahnhofstraße bis zu einem großen Sägewerk. Dort überqueren wir rechts die Straße und zweigen in die Ybbstalerstraße ab, kommen bei der Rotkreuzstelle vorbei, und hinter einer Lagerhalle führt ein Weg links auf den Schotterweg am Hochwasserdamm der Ybbs entlang. Auf diesem Schotterweg bleiben wir immer nahe am Fluss, dann kurz auf der Landesstraße erreichen wir – gut hörbar – zuerst die Westbahnstrecke, dann die B1 und die Autobahn A1, die nacheinander unterquert werden. Wir bleiben für rund 1 ½ km auf einem schmalen Fußweg durch die Ybbsauen, wandern dann parallel zur Autobahn nach Westen, vorbei an einer Autobahnunterführung, weiter zwischen Autobahn und Au und Ybbs. Durch Auwald, vorbei an Fischteichen, einem FKK-Badeteich und einer verfallenen Hängebrücke erreichen wir die asphaltierte „Schlossstraße", die am Reiterhof des Schlosses Hubertenhof (225 m) vorbeiführt. Nach dem Schloss unterqueren wir wieder die Westbahnstrecke und erreichen nach links abzweigend auf der alten „Reichstraße Nr. 1" den Ort Kottingburgstall. Einige hundert Meter marschieren wir jetzt auf der Straße – Achtung, ohne Gehsteig. Unter einer Autobahnbrücke durch gelangen wir in den Ort Blindenmarkt (246 m).

Blindenmarkt → Zeillern
23 km in 6–7 Stunden

Charakter der Etappe

Wie am Vortag beginnt der erste Teil des heutigen Jakobsweges mit einer „Pfadfinderwanderung" durch die Ybbsauen, vorbei an Badeteichen, durch Felder und kleine Ortschaften und dann auf dem Radweg nach Amstetten. Ab Amstetten gibt es wieder Markierungen und vor Zeillern treffen wir dann erneut auf den markierten Jakobsweg, der von Ybbs hierher führt. Die Gegend zwischen Blindenmarkt und Amstetten lag schon zur Zeit der Römer am

Limes und gerade Amstetten hat seine Bedeutung, mittlerweile als Bahnknotenpunkt, bis heute erhalten. Sehenswert ist die gotische Pfarrkirche St. Stephan.

Bis Amstetten folgen wir der Ybbsau oder wandern an der Au entlang, dann folgt eine längere Strecke am Radweg, durch Industriegebiet und durch die Stadt Amstetten, bevor die Landschaft nördlich der A1 mit weiten Feldern und Wiesen und den markanten Vierkanthöfen des Mostviertels hügeliger und freundlicher wird. Der Asphaltanteil ist auf der heutigen, etwas kürzeren Tagestour schon wieder deutlich höher als am Vortag. Wasser gibt es am Jakobsbrunnenweg in Amstetten, später ist es nicht mehr frei zugänglich.

Übernachtungsmöglichkeiten in einem Gasthof oder in Privatquartieren in Zeillern: Mostvierteltourismus (Tel.: 07416-521 91)

Wegverlauf

Start in Blindenmarkt bei der Pfarrkirche (246 m). Nach etwa 100 Metern zweigen wir linker Hand in die Auhofstraße ab, unterqueren die B1 und die Westbahnstrecke in Richtung der zwei Auseen (Schotterteiche). Knapp vor dem ersten Ausee biegen wir vor einem kleinen Restaurant scharf rechts auf die Auseestraße und folgen dem

Typische Landschaft im Mostviertel

Wegweiser zum Heim der Landesbediensteten. Vorbei am See geht es in Richtung Ybbs. Achtung! Bei einer scharfen Linkskurve folgen wir dem dort abzweigenden Weg nach rechts und wandern entlang einer Hecke auf den Wald zu. Über eine Brücke mit einem unverschlossenen Gittertor führt der Weg jetzt scheinbar wieder in Richtung Blindenmarkt zurück. Wir wandern bis zu einer Asphaltstraße und zweigen dort links zu einer Kapelle mit zwei Linden ab, gehen links daran vorbei und halten auf einem Feldweg jetzt wieder in Richtung Süden. Auf dem Feldweg marschieren wir bis zu einer kleinen Brücke, hinter dieser folgen wir halbrechts dem Wegverlauf. (Wir halten uns hier an die wirklich tolle Beschreibung von Rosemarie Stöckl-Pexa und Marcus Stöckl in ihrem Rother Wanderführer, dem eigentlich nichts hinzuzufügen ist. Danke, ohne diese exakte Beschreibung hätten wir hier den unmarkierten Weg nicht gefunden!) Bei einer Bank mit blau-weißer Markierung folgen wir nicht dem Hauptweg. Der Weg führt hier geradeaus in Richtung Westen am Waldrand entlang nach Hermannsdorf. Dort erreichen wir eine größere asphaltierte Straße, die wir überqueren und der wir nach rechts in Richtung Autobahn folgen. Nach einem Haus führt uns ein scharf links abzweigender Weg in den Ort Leutzmannsdorf.

Durch den Ort folgen wir dem markierten Radweg nach Süden Richtung Matzendorf. Vorbei am Soldatenfriedhof geht es dann links der Ybbs auf schmalen Pfaden dem Verlauf des Flusses folgend. Nach ca. 2 km erreichen wir bei einem Bildstock im Ort Greimpersdorf den Ybbstalradweg, der uns – durch das Industriegebiet und unter der B1 durch – in die Stadt Amstetten (281 m) führt. Vorbei am Bahnhof wandern wir durch das Ortszentrum zur Pfarrkirche St. Stephan. Dann geht es am sogenannten Jakobsbrunnenweg am Friedhof vorbei. Weiter nach Westen entlang eines Baches auf einem schön angelegten Kiesweg und vorbei an einer Kneippanlage und mehreren Brunnen verlassen wir Amstetten wieder. Unmittelbar vor der B1 zweigt rechter Hand ein als Weitwanderweg 320 rot-weiß markierter Weg bergauf ab. Wir kommen unterhalb eines Bauernhofes auf eine Anhöhe und folgen der Markierung „Laufstrecke" und „Walderlebnisweg" durch den Wald. Dann überqueren wir die alte Bundesstraße, gehen weiter im Wald und bei Kilometer 3 der Laufstrecke biegen wir nach links aus dem Wald hinaus bis zur Bundesstraße. Diese überqueren wir und wandern durch eine Birnbaumallee vorbei an einem eindrucksvollen Vierkanthof, anschließend unterqueren wir links abzweigend die Autobahn A1. Weiter am Asphalt im Waldstück bergab. Bei der ersten Gabelung wenden wir uns nach links und kommen wieder über eine Obstbaumallee an einem Bauerngehöft vorbei. Beim Haus Nr. 49 biegen wir linker Hand durch Wiesen auf einen schmalen Feldweg ins Tal hinunter, bis zu einer Asphaltstraße. Hier treffen wir endlich wieder auf die markierte Jakobswegvariante, die von Ybbs nach Zeillern führt. Linker Hand geht es dann steil bergauf, in einem Bogen an einem markanten blauen Vierkanthof mit Kapelle vorbei. Bei einer Kreuzung folgen wir den Markierungen nach links auf der Asphaltstraße bergauf und nach dem letzten Haus einer kleinen Siedlung geht es nach rechts bergab durch einen Bauernhof in den Ortsteil Schörghof. Dort wieder an der Kreuzung nach links auf der Asphaltstraße und nach 100 Metern rechter Hand an einer Kapelle vorbei in den Ort Zeillern (290 m) zur Kirche.

Die Kapelle beim blauen Vierkanthof

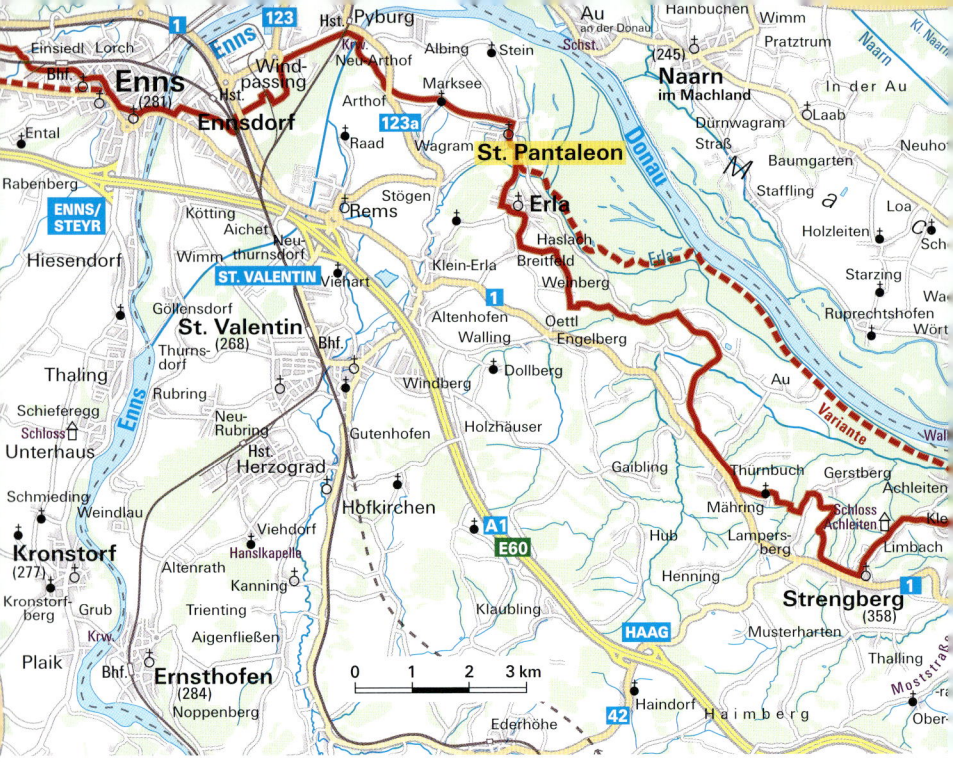

Zeillern → St. Pantaleon
29 km in 7–8 Stunden

Charakter der Etappe

Nach den beiden eher eintönigen Flachetappen der Vortage ist die Tour durch die hügelige Landschaft des Mostviertels eine abwechslungsreiche Wohltat für alle Sinne. Von Zeillern auf Feldwegen und durch Wald und später auf Nebenstraßen schlängelt sich der wieder bis auf zwei kritische Stellen gut markierte Jakobsweg von Ort zu Ort, gut sichtbar von Kirchturm zu Kirchturm. Bei rund der Hälfte der Tagesetappe erreichen wir den Ort Wallsee und die prächtige Burg-Schlossanlage – eine gute Raststation auf der doch recht langen Tour. Das Schloss mit seiner Wehrmauer befindet sich noch immer im Privatbesitz der Familie Habsburg-Lothringen, wie der gesamte Ort Wallsee stolz auf seine Beziehung zum österreichischen Herrschergeschlecht ist. Hinweistafeln und Denkmäler dokumentieren das ganz stark. Weiter führt uns der Jakobsweg von Wallsee

---

hinunter zu einem Altarm der Donau, durch einen schönen Auwald und später am Radweg über Erla nach St. Pantaleon. Da die Tagesroute sehr lang ist, empfehlen wir den nicht als Jakobsweg markierten Weg entlang der Donauau über den Ort Au zu nehmen und nicht über Strengberg auf den Höhenrücken aufzusteigen. In der Karte ist auch diese Variante angeführt. Wir haben die Markierung versäumt und daher diesen rund 5 Kilometer längeren Umweg über Strengberg genommen. Dabei mussten wir zweimal auf der stark befahrenen Landesstraße ohne Gehsteig wandern. Warum dieser Weg als Jakobsweg gut markiert wurde, ist nicht ganz nachvollziehbar, ist doch die Wanderung durch die Auwälder der Donau kürzer und weniger anstrengend, führt aber an keiner weiteren Kirche vorbei. St. Pantaleon besitzt eine schöne spätgotische Pfarrkirche mit neogotischer Innenausstattung. Der Asphaltanteil beträgt bei beiden Varianten ungefähr 60 %.

Übernachtungsmöglichkeiten in Gasthöfen und Privatquartieren über Mostviertel Tourismus (Tel.: 07416-52191).

Wartehäuschen mit
Jakobsweg-Muschel

Wegverlauf

Der Jakobsweg verlässt den Ort Zeillern (290 m) am Gasthof zur Schlossinsel rechts ansteigend auf der Pyhrastraße. Rund 100 Meter nach der Ortsendetafel zweigen wir in einer Allee links auf einen Feldweg mit Obstbäumen nach Westen. Mehrere Markierungen machen die Orientierung leicht. Rechts ansteigend unter Obstbäumen zur am Waldrand bereits gut sichtbaren Hubertuskapelle und dort links auf einem Waldweg durch ein Wäldchen bis zu einem Feld. Der Weg führt am Waldrand entlang, bei Bauernhöfen vorbei und bringt uns zu einer Straßenkreuzung bei einer Bushaltestelle. Hier überqueren wir die Straße und halten am Asphalt auf zwei große Vierkanthöfe mit Nebengebäuden zu. Dort gibt es original Jakobsmuschel-Kacheln an der Hauswand. Achtung! Der weitere Wegverlauf ist schlecht markiert. Nach den imposanten Vierkanthöfen geht es an einem Wäldchen vorbei bergab bis ins Tal und dann links ansteigend auf Häuser zu. Am Höhenrücken erreichen wir eine Asphaltstraße, der wir nach rechts abfallend nach Norden folgen. Nach einem kleinen Waldstück zweigt der Weg in einer scharfen Rechtskurve, jetzt wieder als Jakobsweg markiert, linker Hand auf eine asphaltierte Nebenstraße ab. Wir wandern bergan, bis wir bei einer Kreuzung auf ein rotes Wartehäuschen treffen, das ein großes Jakobsmuschel-Symbol trägt. Im Innenraum befindet sich ein Jakobsbuch für Pilger zum Eintragen. An der Kreuzung rechter Hand marschieren wir bergab in den Ort Schweinberg (296 m). Im Ort bei der ersten Straße biegen wir nach links in die Mühlenstraße auf Asphalt in einem großen Bogen ins Tal hinunter. Vorbei an einem Mostheurigen geht es danach linker Hand ansteigend zu einem Rastplatz mit einem Marterl unter Bäumen. Weiter durch den Wald

Schloss Wallsee

erreichen wir den Ort Wallsee (275 m), wo wir am Höhenrücken rechts zum Hauptplatz und zum Schloss Wallsee abzweigen.

Vom Hauptplatz bringt uns ein schmaler Fußweg bergab in Richtung eines Altarms der Donau. Wir wandern am Altarm entlang und kommen im Auwald an einem „privaten" Jakobswegdenkmal vorbei. Bei einer Infotafel zweigt der markierte Jakobsweg linker Hand ab und führt ansteigend durch ein Freigelände mit zahlreichen Schweinen in den Ort Strengberg (358 m). Weiter geht es rechts der Straße entlang (gut markiert) in mehreren Schleifen nach Nordwesten. Unmittelbar nach der Abzweigung einer Straße in den Ort Au zweigt hinter dem Ortsendeschild nach rechts der Jakobsweg von der Durchzugsstraße auf einen Feldweg ab. Bergab erreichen wir, vorbei an einem Bauernhaus, den Talgrund und treffen dort anschließend auf eine asphaltierte Straße, die gleichzeitig Radweg ist. Weiter auf dem asphaltierten Radweg, noch einmal durch den Wald nach Erla ansteigend, erreichen wir St. Pantaleon.

Variante: In der Routenskizze eingezeichnet. Bei der Infotafel rechter Hand über eine Holzbrücke und dem Weg folgend, überqueren wir einen kleinen Bach. Wir wandern nicht zur Donau hinunter, sondern gehen weiter geradeaus. Nach einer Schranke geht es in der Au (230 m) auf einem Schotterweg am Hochwasserdamm entlang donauaufwärts. Am Asphalt erreichen wir den Donauradweg. Weiter am Radweg bis vor St. Pantaleon, dann nach links in den Ort. Unser Ziel ist die Pfarrkirche.

St. Pantaleon → Enns, St. Florian
21 km in 5–6 Stunden

Charakter der Etappe

Die heutige Tagesetappe am Jakobsweg ist nicht unbedingt von landschaftlicher Schönheit geprägt. Zuerst wandern wir auf Nebenstraßen zum Ennskraftwerk, dann entlang einer breiten Einfallstraße durch Industriegebiet über Ennsdorf nach Enns. Hier verlassen wir Niederösterreich und erreichen Oberösterreich. Die Markierungen, die in Niederösterreich „Österreichischer Jakobsweg" heißen, haben in diesem Bundesland nur mehr das Jakobswegzeichen in

Museum Paneum in Asten

verschiedenen Ausführungen. Die Stadt Enns mit dem Römermuseum und dem mittelalterlichen Stadtturm ist einen Besuch wert. Wenn man am Jakobsweg bleibt, der in und um Enns praktisch nicht markiert ist, führt der Weg durch Lorch mit der Kirche des Hl. Florian, welcher der Legende nach hier als Märtyrer in der Donau ertränkt wurde. Anschließend bringen wir die Vororte mit Einkaufszentren, Autohäusern und Einrichtungshäusern von Asten hinter uns und gelangen von dort auf einer Landstraße, vorbei am Paneum – einem zeitgenössischen Museum der Brotkultur – nach 1½ Stunden bis nach St. Florian zum gleichnamigen Stift. Ein guter Tipp ist, den Bus Nr. 401 direkt beim Stadtturm in Enns zu nehmen und damit die Vororte bis zur Ausstiegstelle „Asten-Zentrum" zu „umfahren". Wir wandern dann dort am Jakobsweg nach St. Florian. Dieses Augustiner-Chorherrenstift ist dem Landesheiligen gewidmet und beherbergt neben bedeutenden sakralen Schätzen die berühmte Anton-Bruckner-Orgel in der Stiftskirche. Diese

Ennser Stadtturm

wird täglich bespielt, was in der barocken Umgebung mit der Akustik der großen Kirche ein einmaliges Erlebnis ist. Anton Bruckner verbrachte viele Urlaube in dieser Klosteranlage. Der weitere Jakobsweg heißt bis Ansfelden, dem Geburtsort des Komponisten, gleichzeitig Anton-Bruckner-Symphonien-Wanderweg. Er fand hier genauso wie der Landesheilige Florian seine letzte Ruhestätte.

Übernachtungsmöglichkeit im Stift St. Florian (Tel.: 07224-89020) oder im Ort in Gasthöfen.

Wegverlauf

Start bei der Pfarrkirche in St. Pantaleon (242 m), vorbei am Landgasthof Winklehner, dort rechter Hand über ein kleines Brücklein und dem Bächlein linker Hand nach Westen folgend. Über die Moosbachstraße wandern wir auf einer Nebenstraße über Marksee durch Felder in Richtung Arthof nach Westen. Wir überqueren eine Straße und gelangen in eine Sackgasse, die in einen Feldweg mündet. Hier umgeht der Weg das eingezäunte Ennskraftwerk und das danebenliegende Umspannwerk. Bei einer Straßenbrücke überqueren wir nach links die Enns und wandern leicht bergauf in den Ortsteil Pyburg (243 m). Achtung! Hier teilt sich der Jakobsweg bei der Bushaltestelle. Der rechte Weg führt über die Donaubrücke nach Mauthausen und zu einer weiteren Jakobswegvariante. Der Jakobsweg geradeaus führt entlang der viel befahrenen Bundesstraße in Richtung Ennsdorf und Enns (281 m). Schon von Weitem ist der Stadtturm von Enns zu erkennen, an dem wir uns orientieren können. Nach rund einem Kilometer zweigt der Weg im Ort Windpassing linker

Stift St. Florian

Hand ab, unterquert die B1 und entlang der Hauptstraße durch Ennsdorf erreichen wir die auf einer Anhöhe liegende Stadt Enns.

Die Bushaltestelle befindet sich direkt beim Stadtturm und mit dem Bus Nr. 401 fahren wir durch Lorch und die Vororte von Enns nach Asten-Zentrum (255 m). In der Information beim Stadtturm in Enns gibt es eine gute Karte, welche die Orientierung beim Verlassen der Stadt zu Fuß erleichtert. Gegenüber der Bushaltestelle in Asten-Zentrum beginnt bereits wieder der markierte Jakobsweg, der entlang der Ipfbachstraße zu einer Unterführung der Westbahnstrecke führt. Weiter führt uns der Weg linker Hand am Museum Paneum vorbei, auf einer breiten Asphaltstraße mit Radspur gelangen wir bis zu einer Kreuzung. Gegenüber befindet sich das Freilichtmuseum Sumerauerhof–St. Florian. Rechter Hand geht es am Radweg weiter, wieder über den Ipfbach und bei einer Straßenkreuzung geradeaus in den Ort St. Florian. Entlang der Höhenstraße und der Wienerstraße erreichen wir das Ortszentrum und über einen kurzen Aufstieg den Haupteingang des Stiftes St. Florian (296 m).

Oberösterreich

St. Florian → Marchtrenk
27 km in 7–8 Stunden

Charakter der Etappe

Der erste Tagesabschnitt ist von Waldstücken und Wiesenwegen geprägt. Der als Anton-Bruckner-Symphonien-Wanderweg ausgewiesene Weg ist mit Schautafeln bestückt, die Erklärungen zu den Symphonien des großen österreichischen Komponisten liefern. Der Wanderweg führt vom Stift St. Florian mit der berühmten Bruckner-Orgel in der Stiftskirche in den Geburtsort des Komponisten nach Ansfelden zum Bruckner-Zentrum unterhalb der Stadtpfarrkirche. Dieser abwechslungsreiche Teil wird nach einer Durchquerung des Industrieortes Haid und der Überquerung der Traun bei einem Kraftwerk durch eine monotone Wanderung entlang des aufgestauten Flusses bis nach Marchtrenk zur Fischerkapelle abgelöst. Erfreulich ist, dass der Asphaltanteil bei dieser Tagesetappe kleiner ist als üblich. Der Weg am Damm entlang der Traun besteht überwiegend aus Schotter und grasbewachsenen Rändern und ist vergleichbar mit der Hochebene der Meseta am Camino Francés, wo man auch mehrere Tage in eintönig gleicher Landschaft wandert. Der aufgestaute Fluss wird uns am nächsten Tag noch bis nach Lambach begleiten. Die Gegend ist das Zentrum der oberösterreichischen Industrie und bietet landschaftlich keine großen Überraschungen. Auch die Orte Haid oder Marchtrenk sind geprägt von Industrie.

Übernachtungsmöglichkeit in Marchtrenk in unmittelbarer Nähe zur Fischerkapelle am Jakobsweg beim Gasthof Ufermann. Mehrere Gasthöfe und Privatquartiere im Ort. Gemeinde Marchtrenk (Tel.: 07243-5520).

Wegverlauf

Am Hauptportal des Stiftes St. Florian (296 m) geht es nach rechts durch den Friedhof und das Tor. Dort beginnt der als Anton-Bruckner-Symphonien-Wanderweg mit braunen Tafeln deutlich markierte Weg, der bis Ansfelden ident mit dem Jakobsweg

Fischerkapelle in Marchtrenk

ist. Ansteigend linker Hand mit Blick zurück zum Stift führt der Weg durch Wald und Wiesen immer wieder mit Rastpunkten und Hinweisen auf die Entstehungsgeschichten der Symphonien. Gut markiert auf einer Waldstraße führt uns der Weg dann rechts abzweigend durch den Wald und bei der 5. Station im Wald gerade aus. Achtung! Nach dem Wald nicht zur Station linker Hand, sondern rechts zuerst in die Senke an den Häusern vorbei, dann auf der Asphaltstraße bergauf, wo bei einem Kreisverkehr wieder die Markierungen des Anton-Bruckner-Symphonien-Wanderweges beginnen. Ansteigend wandern wir auf einen Höhenkamm (großer Funkturm links) durch Wiesen und auf asphaltierten Wegen bergab in den Ort Ansfelden (289 m). Das Anton-Bruckner-Zentrum befindet sich unmittelbar unterhalb der Pfarrkirche. Weiter führt der Jakobsweg rechts und dann unmittelbar nach links in die Haider Straße. Bei einer Kreuzung nach einem Café biegen wir in die Laaher Straße in Richtung Kremsdorf. Vor dem Ort Kremsdorf biegen wir bei einer Gabelung nach rechts, erreichen die stark befahrene Ritzlhofstraße und wandern dort am Radweg linker Hand weiter. Vorbei am

Hotel Stockinger überqueren wir nach 1 ½ Kilometern die Krems-brücke. Achtung! Nach der Brücke überqueren wir bei einer Bus-haltestelle die Straße, zweigen in die Nestroystraße ab und gehen in Richtung Lärmschutzwand der Westbahnstrecke. Vor der Lärm-schutzwand biegen wir links in die Enzianstraße ab und unmittel-bar bei der Lärmschutzwand queren wir Westbahn und Autobahn durch eine Unterführung, dann erreichen wir Haid (276 m). Hier gibt es wieder Jakobsweg-Markierungen, die links in den Ort mit einer modernen Kirche am Hauptplatz leiten. Am Ende des Haupt-platzes, nach dem Busbahnhof, gehen wir links bei der Tankstelle vorbei, biegen danach zuerst nach rechts und dann nach links in eine Wohnstraße ab. Nach dem Industriegebiet verlassen wir Haid rechter Hand auf einer Schotterstraße parallel zur A1, die zum Traunkraftwerk führt. Auf einer Eisenbrücke gelangen wir ans an-dere Traunufer und dann folgen wir der aufgestauten Traun für rund 2 Stunden auf diesem Damm weiter oder wir gehen darunter am Radweg (bei starkem Sonnenschein schattiger) auf Asphalt bis zur Fischerkapelle in Marchtrenk (294 m).

Marchtrenk → Lambach
25 km in 6 – 7 Stunden

Charakter der Etappe
Der heutige Pilgertag beginnt wie der gestrige geendet hat und wird sich grundsätzlich landschaftlich nicht groß verändern. Entlang der Traun geht es flussaufwärts am Deich oder am parallel dazu ver-laufenden Radweg durch Industriegebiet. Mit Wels liegt nach rund 2 Stunden eine kleine Abwechslung am Weg. Man kann mit einem kleinen Umweg die kaiserliche Burg, ein Jagdschloss des Habsbur-gerherrschers Maximilian I., besichtigen, der hier auch verstorben ist. Ein Spaziergang durch die Stadt über Burggarten, Stadtpfarr-kirche und Ledererturm lohnt sich in jedem Fall, der Stadtplatz ist von reizvollen barocken Fassaden gesäumt. Dann kehren wir wieder an die Traun zurück und wandern weiter. Einen weiteren Abstecher für Kunstbegeisterte bietet das Museum Angerlehner, das über einen eigenen Steg über die Traun zu erreichen ist. Der Weg wird nach

Traunkraftwerk mit Fußweg

dem Messegelände in Wels immer schmäler, führt zuerst durch aufgelockerten Auwald, dann als Fußweg entlang des Traunufers, verwachsen mit mannshohen Brennnesseln und dem stark riechenden Amerikanischen Springkraut. Erfreulich ist der geringe Anteil an Asphalt, es überwiegen Schotterwege, Auwege und Fußpfade, bei praktisch keinen Höhenmetern.

In einem großen Bogen der Traun erreichen wir auf dem Jakobsweg dann Lambach mit dem auf einer Anhöhe über der Traun angelegten Benediktinerstift Lambach. Die weitläufige Klosteranlage ist zu besichtigen, genauso wie die barocke Kirche. Eine Übernachtung im Stift war in Zeiten von Covid-19 leider nicht möglich.

Mehrere Übernachtungsmöglichkeiten in Hotels am Marktplatz in Lambach. Gemeinde Lambach (Tel.: 07245-2836514).

Wegverlauf

Start bei der Fischerkapelle in Marchtrenk (294 m), der Traun flussaufwärts folgend, unterquert der Schotterweg die Welser Autobahn, um uns für rund 2 Stunden auf dem Damm bis nach Wels zu führen. Kurz vor Wels (314 m) unterqueren wir die Pyhrnpass-Bundesstraße, weiter geht es entlang der Traun dann auf Asphalt. Knapp nach einer Fußgängerbrücke über die Traun bringt uns die Adlerstraße für einen Abstecher ins Zentrum von Wels (Besichtigungsmöglichkeiten). Der weitere Wegverlauf führt uns zuerst auf Asphalt und vorbei am Messegelände wieder der Traun entlang. Dann zweigt er nach rechts vom Radweg ab und führt uns anschließend in den Auwald, immer schmäler werdend. Am Auweg entlang überqueren wir eine Holzbrücke über einen kleinen Zuflussbach, erreichen die Traunwehr (325 m) und gleich dahinter ein neu eröffnetes Gasthaus. Es ist eine gute Gelegenheit, hier einzukehren, da in den nächsten 2 Stunden keine weitere Einkehrmöglichkeit mehr besteht. Nach dem Gasthof auf dem Fahrweg oder dem darüberliegenden Damm durch Wiesen bis zu einem Schranken am Ende des Schotterweges. Dort biegen wir bei einer Infotafel scharf nach links zur Traun ab, vorbei an einer kleinen Sandbank, die als Badestrand dient, und folgen der Traun flussaufwärts auf einem immer mehr und mehr zugewachsenen und engen Pfad (Achtung Brennnessel und Springkraut). Am Ende des Auwaldes unterqueren wir eine Straßenbrücke und zweigen rechter Hand, dem Jakobswegzeichen folgend, auf einen schmalen Steig ab. Durch einen Wald erreichen wir nach 300 Metern eine Schotterstraße, der wir linker Hand folgen. Wir überqueren ein Feld, anschließend wandern wir wieder durch den Wald und wo der Hauptweg nach rechts ins Feld hinaus abzweigt, nehmen wir bei einer Infotafel den linken Weg. Nach dem Waldstück ist der Weg asphaltiert und weiter führt uns die Straße ansteigend in den Ort Lambach (327 m), der schon gut sichtbar ist. In einem Bogen der Traun entlang, den Jakobswegzeichen folgend, erreichen wir nach einem Kraftwerk den Parkplatz des Stiftes Lambach. Über Treppen gelangen wir zum Hauptportal des Stiftes beziehungsweise über eine Fußgängerüberführung zum Marktplatz von Lambach.

Lambach → Vöcklabruck
24 km in 6–7 Stunden

Charakter der Etappe

Die heutige Tagesetappe beginnt am Marktplatz von Lambach, gegenüber des Stiftes Lambach gelegen. Am Rathaus vorbei geht es linker Hand auf einer schmalen Straße bergab zum Zusammenfluss von Traun und Ager. Bei schönem Wetter sind von hier bereits gut die Berge des Salzkammergutes, vor allem der markante Traunstein, zu erkennen. Der Asphaltanteil ist heute wieder etwas größer als in den beiden vergangenen Etappen, die Tagesetappe ist aber landschaftlich reizvoller und abwechslungsreicher und der Höhenunterschied – selbst bei einigen kleinen An- und Abstiegen – kaum merkbar. Der Jakobsweg verlässt heute nach zwei Tagen die Traun und führt jetzt der Ager entlang. Zunächst wandern wir durch eine von schönen Teichanlagen durchzogene Kulturlandschaft, dem Naherholungsgebiet der Lambacher. Nach der Durchquerung der Stadt Schwanenstadt, mit ihrem schönen alten Zentrum und dem markanten Stadtturm, gelangen wir wieder entlang der Ager zu einer Kreuzung. Bei dieser Weggabelung haben wir die Wahl, entweder durch revitalisierte Schotterabbauanlagen (linker Weg), die heute als Badeteiche dienen, zu wandern oder etwas kürzer (ca. 1 Kilometer Ersparnis am rechten Weg) zum Bahnknotenpunkt Attnang-Puchheim zu gelangen. Auf Nebenstraßen entlang der Westbahnstrecke kommen wir in die Bezirksstadt Vöcklabruck. Die bereits im Mittelalter befestigte Stadt liegt als wichtiges Handels- und Verwaltungszentrum am Eingang in das oberösterreichische Seengebiet beziehungsweise ins Salzkammergut. Die beiden Wappentürme begrenzen heute noch den Hauptplatz.

In Vöcklabruck gibt es im Mutterhaus der Franziskanerinnen (Tel.: 07672-726 67) beziehungsweise in deren Pflegeheim St. Klara (Tel.: 07672-27732 280) Übernachtungsmöglichkeiten für Jakobswegpilger, die gerne willkommen geheißen werden. Die Unterkunft ist einfach, aber mit einem tollen Frühstück. Weitere Übernachtungen in Hotels und Gasthäusern. Tourismusverband Vöcklabruck (Tel.: 07672-760 0).

Wallfahrtskirche zur Allerheiligsten Dreifaltigkeit in Stadl-Paura

Wegverlauf

Start vor dem Stift Lambach (327 m), über die Fußgängerbrücke auf den Marktplatz zum Rathaus und linker Hand, der Markierung folgend, in Richtung Traun bergab. Wir wandern der Traun entlang flussaufwärts. Am gegenüberliegenden Ufer sehen wir die berühmte Wallfahrtskirche zur Allerheiligsten Dreifaltigkeit, zu der auch ein Steg hinüberführt. Beim Zusammenfluss von Traun und Ager folgt der markierte Jakobsweg jetzt für rund 5 Kilometer der Ager bis zu einer Straßenbrücke, die wir unterqueren. Auf Asphalt gelangen wir in den Ort Staig und leicht ansteigend weiter auf der Straße ins Zentrum von Schwanenstadt (389 m). Achtung! Wie so oft gibt es in den Städten kaum bis gar keine Jakobsweghinweise. Vom Stadtzentrum durch den markanten Stadtturm stadtauswärts, weiter linker Hand auf der Salzburger Straße und nach rund 100 Metern nach links zum Friedhof. Entlang des Friedhofs auf der

Wappenturm in Vöcklabruck

Hainprechtingerstraße überqueren wir die Umfahrungsstraße (das Jakobswegzeichen ist unter einem Verkehrszeichen versteckt) geradeaus, bergab nach Hainprechting. Ab hier gibt es wieder Jakobswegzeichen. Bei einer Kreuzung gehen wir rechts entlang eines kleinen Baches durch eine Wiese, auf einem Feldweg und dann über eine Brücke über einen kleinen Bach und dann wieder durch Felder. So gelangen wir zu einer Jakobsweg-Varianten-Tafel. Leider geht aus dem Schild nicht hervor, welche Variante kürzer ist! Die rechte Variante ist die kürzere und bleibt auf dem Asphalt. Die linke, landschaftlich schönere Variante führt, ebenfalls markiert in einem Bogen durch den Ort Au und dort auf einem Radweg an mehreren Schotterteichen und einem noch aktiven Schotterabbaubetrieb vorbei nach Süden. Die Wegweiser leiten uns am Rande des Schotterabbaubetriebes vorbei in Richtung Norden auf einer Asphaltstraße nach Redlham zu, wo von rechts der kürzere Variantenweg einmündet. Dann folgen wir der Abzweigung nach links, vorbei an einer Kapelle mit zwei großen Bäumen, weiter auf Asphalt bis zu einer größeren Straße bei einem Trafohaus und einem Stoppschild. Dort überqueren wir die Straße und wandern auf einem schmalen Wiesenweg weiter. Bei einem Haus biegen wir scharf links ab und dann geht es nach rechts und kurz und steil durch den Wald bergauf. Vorbei an Tennisplatz, Hundeverein und Schwimmbad wandern wir bergab nach Attnang-Puchheim (416 m). Wir gehen entlang der Straße zum Bahnhof oder parallel dazu im Ort nach Westen. Nach dem Bahnhof am Europaplatz rechts zur Bundesstraße abzweigen und dieser entlang

Kloster der Franziskanerinnen in Vöcklabruck

über eine Rampe über die Bahn folgen. Anschließend durch eine Unterführung unter der Westbahn durch und über die Brücke gehen. Unmittelbar danach halten wir linker Hand auf eine Lagerhalle im Industriegebiet zu. Vor der Halle rechts abbiegen und den Schildern des Radweges und Jakobsweges folgen. Immer wieder an- und absteigend durch Wald und durch Wiesen auf Asphalt bis nach Vöcklabruck (430 m). Auffallend sind in diesem Wegabschnitt die steinernen Jakobsweg-Muscheln und die hölzernen Jakobsweg-Schilder. Der Jakobsweg führt bis nach den Bahnhof von Vöcklabruck, dort durch eine Fußgängerunterführung zu einem Kreisverkehr, der ins Zentrum von Vöcklabruck weist. Über eine Brücke geht es über die Vöckla und durch den Wappenturm ins Stadtzentrum.

Vöcklabruck → Frankenmarkt
23 km in 6 Stunden

Charakter der Etappe

Die Gegend wird jetzt deutlich hügeliger, was man an den oftmaligen An- und Abstiegen merkt. Hinter Vöcklabruck folgt der Weg der Dürren Ager, einem Nebenfluss der Vöckla. Über weite Strecken ist der Jakobsweg jetzt ident mit Radwegen oder führt auf asphaltierten Nebenstraßen. Der Asphaltanteil ist daher entsprechend groß. Die großen Anstiege fehlen auf diesem Abschnitt noch, aber die Landschaft verändert sich deutlich im Gegensatz zu den Ebenen im oberösterreichischen Industriegebiet. Deutlich sind von hier die Berge in Richtung Süden im Salzkammergut zu erkennen.

Ab Vöcklamarkt westwärts führt der Weg einige Zeit unmittelbar entlang der Bahntrasse der Westbahn, verlässt diese dann wieder, um in Frankenmarkt beim Bahnhof wieder die Eisenbahn zu

erreichen. Frankenmarkt geht auf eine Gründung um das Jahr 1007 durch Kaiser Heinrich II. zurück, der Franken mit der Besiedelung und Urbachmachung des Gebietes beauftragte. Frankenmarkt selbst liegt nicht direkt am Jakobsweg; wenn man aber hier übernachten möchte, lohnt der Umweg in den Ort. Das gilt ebenfalls für den einige Kilometer vor Frankenmarkt liegenden Ort Vöcklamarkt, wo man nur die Bahnstation direkt am Jakobsweg erreicht.

Übernachtungsmöglichkeiten in diesen beiden Orten: Marktgemeinde Vöcklamarkt (Tel.: 07682-2655 25) sowie Tourismusverband Frankenmarkt (Tel.: 07684-6255 13).

Wegverlauf

Wir verlassen Vöcklabruck (430 m) durch das obere Stadttor nach Westen. Rechts geht es, dem Jakobswegzeichen folgend, vorbei am Kloster der Franziskanerinnen (wenn man hier nicht schon übernachtet hat) und vorbei am Kloster St. Klara (Pflegeheim),

Kirche in Oberthalheim

stadtauswärts zur Bezirkshauptmannschaft. Vor dieser rechter Hand vorbei am Ortsendeschild von Vöcklabruck in Richtung Oberthalheim. Vorbei an der Klosteranlage mit einigen schönen Grabreliefs im Innenraum der Kirche gelangen wir auf dem Radweg in den Ort Timelkam (454 m). Die Brücke über die Dürre Ager bringt uns auf der Aderstraße ortsauswärts unter der Umfahrungsstraße hindurch und dann, den Jakobswegzeichen folgend, rechts durch Felder zur Dürren Ager. Diese wird überquert und weiter geht es entlang des Flusses auf einem schmalen Weg nach Westen. Nach einer Jakobsweg-Infotafel auf einem Steg überqueren wir wieder die Dürre Ager und wandern auf Asphalt durch Felder nach Haunolding und weiter nach Witzling. Bei einem Gasthaus überqueren wir eine Landesstraße. Hier befindet sich ein schöner Jakobsweg-Rastplatz. Durch Felder gelangen wir auf einer Nebenstraße nach Egning und bergauf in einem Bogen nach Unteralberting. Weiter dem jetzt gut markierten Weg folgend, durch Felder und Waldstücke in den Ort Haid. Bei einer Kreuzung wenden wir uns nach rechts in Richtung Bundesstraße 1, überqueren diese und wandern über Schotter und später schräg durch eine Wiese bergab nach Gründberg. Parallel zur Westbahnstrecke führen sowohl der Radweg als auch der Jakobsweg bergab zum Bahnhof Vöcklamarkt (488 m). Abstecher in den Ort als Variante.

Weiter entlang der Bahnstrecke bis zur Abzweigung Mösenthal, durch Wiesen und Wald schräg bergauf und dann wieder bergab über eine Asphaltstraße nach Mösendorf. Nach dem Ort in Richtung Bundesstraße 1 auf dieser nach rechts abbiegen. Nach

400 Metern links auf der Landesstraße 1278 in Richtung Attersee abbiegen. Bei der nächsten Linkskurve wieder rechts auf den Güterweg Asten in den Ort. Achtung! Schlecht markiert in Asten. Bei einer Weggabelung zuerst rechts an der T-Kreuzung, dann links und dann wieder rechts über Felder und über einen Bach bergauf zum Waldrand. Vorbei an einer urigen „Pilgerrast" mit Pilgerbuch geht es auf der Asphaltstraße bergab. Hier teilt sich der Jakobsweg einerseits in den Abstecher in den Ort Frankenmarkt (536 m) und andererseits zum Bahnhof und weiter in Richtung Westen.

Wallfahrtskirche in Pfongau

Frankenmarkt → Pfongau
20 km in 5 – 6 Stunden

Charakter der Etappe

Die letzte Etappe durch die hügelige Gegend des Seengebietes in Oberösterreich endet mit Pfongau bereits im Bundesland Salzburg. Die Landschaft ist abwechslungsreich, jedoch ist der heutige Tag mit einigen Bergauf- und Bergabstücken versehen. Der Weg beginnt am Bahnhof von Frankenmarkt entlang der Westbahnstrecke, verlässt diese auf Nebenstraßen, kommt bei Schwaigern wieder zu dieser zurück, um dann eine „Abkürzung" zu nehmen, da die Westbahn hier – geländebedingt – zwei große Schlaufen macht. Hinter Schwaigern überschreiten wir die Grenze ins Bundesland Salzburg, um bei Oberhofen am Irrsee kurz wieder nach Oberösterreich zurückzukehren. Unmittelbar vor dem Ort Pfongau, auf einer Anhöhe mit schönem Ausblick auf den darunterliegenden See, kommen wir dann endgültig nach Salzburg. Pfongau mit seiner kleinen Wallfahrtskirche ist das heutige Etappenziel und besitzt mit dem Gasthof Greischbergerhof sogar eine ausgewiesene Pilgerherberge. Wem die heutige Etappe zu kurz erscheint, der kann nach Henndorf am Wallersee weiterwandern, was mit rund 2 zusätzlichen Stunden durchaus zu schaffen ist. Bis Eugendorf wird es wahrscheinlich zu lang sein. Selbst wenn die Tagesetappe kurz erscheint, ist sie durch das ständige Hügelauf und Hügelab durchaus konditionell fordernd. Erfreulich ist hier die ansprechende Markierung als Jakobsweg. Ab der Salzburger Grenze gibt es dann sogar eigene gelbe Jakobsweg-Pfeile als Wegmarken, welche die Orientierung deutlich erleichtern. Tourismusverband Oberhofen am Irrsee (Tel.: 06213-8215 13).

Wegverlauf

Aus Frankenmarkt (536 m) wieder zurück zum Bahnhof. Weiter wandern wir entlang der Gleise der Westbahn bis zu einer Eisenbahnunterführung. Dann wenden wir uns nach links und bei der nächsten Abbiegung nach rechts. Wir folgen dem Radweg, überqueren den Bach und wandern immer nach Westen – zuerst auf Asphalt, dann auf einem Güterweg – und gelangen so in den Ort Kühschinken. Durch den Ort folgen wir den Wegweisern am Waldrand entlang, dann wandern wir links durch die Felder auf einer Schotterstraße und durch den Wald. Bergab halten wir uns auf einer Asphaltstraße rechts. Die Vöckla wird das letzte Mal überquert, dann gehen wir über eine Landesstraße und folgen den Schildern in den Ort Schwaigern (554 m). An den Wegweisern aus dem Ort hinaus orientieren wir uns durch Wald in Richtung Eisenbahnstrecke und anschließend wieder durch Felder nach Zagling.

Weiter auf Nebenstraßen – zumeist auf Asphalt – über Winkl, dort linker Hand in Richtung Oberhofen am Irrsee/Zell am Moos. Hier erreicht der Jakobsweg für eine kurze Wegstrecke wieder oberösterreichisches Gebiet. Wir unterqueren die Bundesstraße und wandern weiter parallel zur Westbahn zum Bahnhof Oberhofen-Zell am Moos (573 m). Am Bahnhofsplatz linker Hand, den Jakobsweg-Schildern folgend, gehen wir steil bergab nach Rabenschwand. Bei Haus Nr. 61 zweigt rechter Hand der markierte Jakobsweg in

Zwischen Oberösterreich und Salzburg

den Haslacher Güterweg ab. In einem großen Bogen bergauf und bergab, dem Wald entlang nach Haslach und linker Hand weiter ansteigend durch Wald. Bei Höhenroith zweigt der gut markierte Weg bei einem Bauernhof auf Asphalt steil ansteigend bergauf ab. Dann biegen wir rechts entlang eines Wiesenweges bergauf ein, anschließend gelangen wir durch ein kurzes Waldstück auf eine Anhöhe. Bei einem Bauernhof mit Pferden überschreiten wir die Grenze zum Bundesland Salzburg. Bergab auf Asphalt kommen wir an einer hölzernen Kapelle (712 m, Hagerkapelle mit Pilgerstempel) vorbei und erreichen über Wiesen und ein Waldstück den Ort Pfongau (565 m). Vor der Wallfahrtskirche befindet sich auf der rechten Seite ein Gasthof, der als Pilgerherberge ausgewiesen ist.

Salzburg und Bayern

Pfongau → Eugendorf → Salzburg
30 km in 7–8 Stunden

Charakter der Etappe

Die heutige Tagestour führt von Pfongau über den Wallersee, – an dessen Südufer wir entlangwandern –, und Eugendorf in die Landeshauptstadt Salzburg. Wenn Sie wie wir in Pfongau starten, ist die Etappe mit rund 30 Kilometern recht lang, eine Unterbrechung nach 15 Kilometern in Eugendorf macht aber auch wenig Sinn. Wenn Sie in Salzburg einen Ruhetag mit Besichtigungen einplanen, bietet sich diese längere Wanderung gut an, zumal kaum größere Anstiege zu bewältigen sind.

Landschaftlich ist dieser Abschnitt des Jakobsweges einer der reizvollsten, am Wallersee entlang, immer wieder durch kleine Orte mit Kirchen und Einkehrmöglichkeiten unterbrochen. Die hügelige Landschaft ermöglicht tolle Ausblicke sowohl ins Tote Gebirge wie auch ins Alpenvorland. Im Westen sehen wir bereits den Untersberg und die Berchtesgadener Berge, die uns die nächsten Tage begleiten werden. Leider ist der Asphaltanteil recht hoch, geschätzte 80 %. Nur entlang des Wallersees gibt es kurze Schotterabschnitte und Waldpassagen.

Bei Kasern erreichen und überqueren wir die Westbahn und wandern durch eine Allee über Maria Plain nach Salzburg. Hier besteht die Möglichkeit, mit der lokalen Bahn eine Station zum Hauptbahnhof von Salzburg zu fahren (4 Minuten). Auch können Sie weiter bis nach Viehhausen fahren, wo Sie – die Stadt Salzburg umgehend – wieder in den Jakobsweg einsteigen können. Nach den ruhigen Etappen am Jakobsweg ist das geschäftige Treiben in einer Stadt ein gewisser Kulturschock. Salzburg zu besichtigen, sollten Sie allerdings nicht versäumen. In Festspielzeiten ist es vielleicht etwas schwieriger, aber außerhalb der Saison sind Übernachtungen immer leicht möglich.

Übernachtungsmöglichkeiten in Salzburg in allen Kategorien. Tourismusverband Salzburg GmbH (Tel.: 0662-889 87 0).

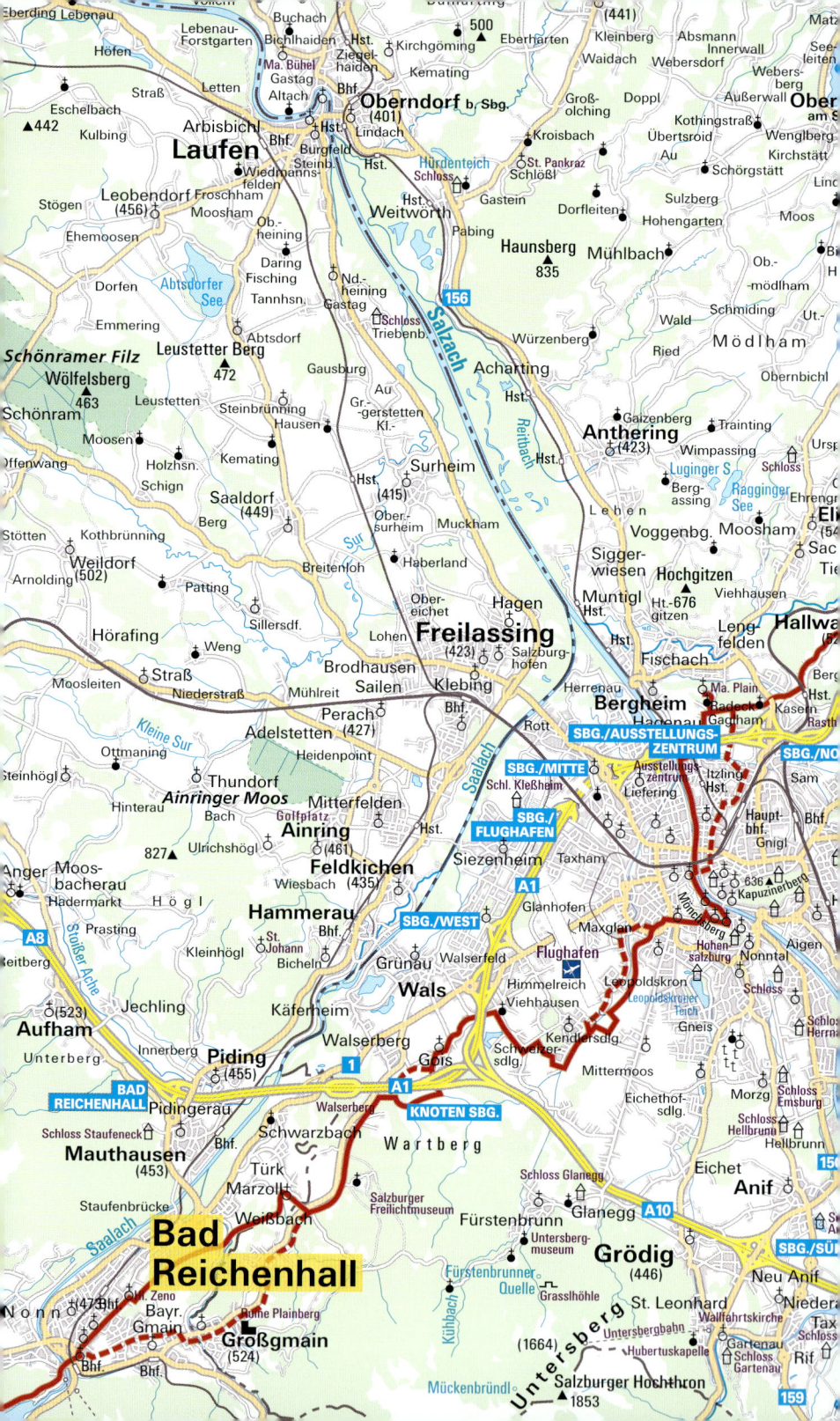

Bei Eugendorf

Wegverlauf

Start bei der Pilgerherberge beziehungsweise der Wallfahrtskirche in Pfongau (565 m). Linker Hand folgen wir den Jakobswegzeichen am asphaltierten Radweg. Im Ort Wertheim bleiben wir ebenfalls auf dem Radweg. Bei einer Brücke (Achtung, leicht zu übersehen!) über den Steinbach zweigen wir in den Ort Haslach ab. Unmittelbar nach der Ortsendetafel biegen wir nach rechts auf den Jakobsweg ab. Markiert wandern wir auf Asphalt in den Ort Neufahrn. Im Ort unterqueren wir die Bundesstraße B1. Unmittelbar danach gehen wir auf der alten Bundesstraße in Richtung Neumarkt und zweigen links hinunter durch den Ort Matzing in die Wallersee Ostbucht (532 m) ab. Dem „Wallersee Rundweg" folgend, geht es das gesamte Seeufer entlang, vorbei am Strandbad von Henndorf und einem Campingplatz. Nach dem Campingplatz auf der Landesstraße (Achtung, einige hundert Meter ohne Gehsteig!) zweigen wir nach rechts ab. Eine Asphaltstraße führt uns bei einigen Häusern vorbei bergauf. Nach der Kreuzung des Radweges nach Fischtaging kommen wir auf eine Anhöhe mit herrlichem Blick zurück auf den

Wallersee. Bei einer großen Kreuzung nach einem Waldstück zweigt der hier nicht sehr groß markierte Weg linker Hand in Richtung B1 ab. Entlang der Bundesstraße wandern wir dann rechts am Radweg rund 1 ½ km in den Ort Eugendorf (560 m) zur Kirche. Linker Hand gehen wir bei einem großen Gasthof und einer Konditorei vorbei und dann, den Wegweisern folgend, rechts durch die Konrad-Seyde-Gasse ortsauswärts. Auf einem asphaltierten Nebenweg kommen wir ansteigend zu einer Anhöhe mit einem Holzkreuz. Nach einem Bauernhof mit Pferden wandern wir bergab nach Hallwang. Bei der Kirche vorbei nach Westen geht es auf Asphalt in einem steilen Anstieg hinauf in den Ort Berg. Dort dann 10 Minuten wiederum steil bergab zum Bahnhof Salzburg Kasern (438 m). Wenn Sie sich den Umweg über Maria Plain sparen möchten, gibt es hier die Möglichkeit, mit einem Regionalzug in 4 Minuten zum Salzburger Hauptbahnhof (424 m) zu fahren. Ansonsten überqueren wir die Westbahn auf einer Fußgängerbrücke und wandern weiter durch eine kleine Allee in Richtung Maria Plain (532 m). Von dort geht es auf markierten Wegen an der Salzach-Promenade ins Stadtzentrum.

Salzburg → Bad Reichenhall
28 km in 6–7 Stunden

Charakter der Etappe

Salzburg ist – außerhalb der Festspielzeit im Sommer – eine beschauliche, mittelgroße Landeshauptstadt, wenn man von den Besuchermassen in der Getreidegasse und rund um das Geburtshaus des großen Sohnes der Stadt, Wolfgang Amadeus Mozart, einmal absieht. Sie wurde jahrhundertelang kulturell, baulich und wirtschaftlich maßgeblich von den Fürsterzbischöfen geprägt, die weltliche und geistliche Herrscher in Personalunion waren. Der lukrative Salzhandel ermöglichte ihnen eine politische Unabhängigkeit, die erst 1805 mit dem Frieden von Preßburg in den Napoleonischen Kriegen endete. Salzburg kam damals zum neu entstandenen Kaiserreich Österreich.

Uns heutige Besucher beeindruckt der Dom mit dem weitläufigen Domplatz, auf dem seit mehr als 100 Jahren zu Festspielzeiten

Salzburger Dom

im Juli und August der „Jedermann", das Theaterstück vom Sterben des reichen Mannes des Festspielmitbegründers Hugo von Hofmannsthal (1874–1929) aufgeführt wird. Die in unmittelbarer Nähe des Doms befindliche Franziskanerkirche, das Große Festspielhaus, die Pferdeschwemme und – alles überragend – die Festung Hohensalzburg sind weitere Höhepunkte, die Sie besuchen sollten. Auf dem Grünmarkt vor der Kollegienkirche können Sie sich täglich außer Sonntag bei den vielen verlockenden Ständen mit einer guten Jause eindecken.

Die Etappe von Salzburg nach Bad Reichenhall ist über weite Strecken eine Flachetappe, die durch die Vororte von Salzburg, vorbei an der Stiegl-Brauerei, zur Staatsgrenze in der Nähe des Walserbergs führt. Linker Hand befindet sich der Untersberg und in der Ferne kann man bereits gut das Berchtesgadener Land erkennen. Der Wegverlauf bleibt aber trotz einiger An- und Abstiege immer in den Tallagen. Nach dem unspektakulären Grenzübertritt in den Freistaat Bayern führt uns der Jakobsweg durch Wiesen und Waldstücke auf Schotterwegen und gut angelegten Stufen. Einmal queren wir an einer besonders engen Stelle die Straße bei einem Gasthaus und der Weg führt uns mit einigen Varianten durch den Wald in den Kurort Bad Reichenhall. Bad Reichenhall war und ist, wie der Name schon sagt, geprägt vom Salzbergbau (Hall = Salz). Die Kreisstadt blickt auf eine über viertausendjährige Siedlungsgeschichte zurück und liegt an der Saalach, der wir am nächsten Tag bis nach Lofer folgen werden.

Übernachtungsmöglichkeiten in Bad Reichenhall in mehreren Pensionen und Hotels. Touristeninformation (0049-8651-715110).

Wegverlauf

Wir verlassen Salzburg (433 m) entlang der Salzach in Richtung und Blickrichtung Maria Plain. Leider gibt es im Stadtgebiet keine Jakobsweg-Markierungen, wir sind daher auf Straßenbezeichnungen und andere Hinweise angewiesen. Der Weg führt vorbei an der Stiegl-Brauerei auf einer schmalen Straße – zumeist ohne Gehsteige – in den Ort Viehhausen. Um sich die Vororte von Salzburg zu ersparen, bietet es sich an, mit dem Bus in Richtung Viehhausen (Station „Viehhausen Schule") zu fahren. Hier erfolgt unmittelbar gegenüber der Bushaltestelle beim Feuerwehrhaus der Einstieg auf den ab hier wieder gut markierten Jakobsweg. Der Weg ist Teil des Tauernradweges, führt unter der Autobahn A1 durch, auf Asphalt nach Gois (439 m) und weiter durch Felder

Einstieg beim Feuerwehrhaus in Viehhausen

wieder die Autobahn unterquerend zur bayrischen Grenze in die Nähe des Autobahn-Grenzübergangs Walserberg. Vorbei am Wegweiser zum Salzburger Freilichtmuseum (486 m) – das ist ein lohnender Umweg von rund 1 ½ Stunden. Bei einer Kreuzung teilt sich der Jakobsweg. Der rechte Weg führt in Richtung Golfplatz in den Ort Marzoll, wo sich der nicht bewachte Grenzübergang in den Freistaat Bayern befindet. Vorbei an der Pfarrkirche St. Valentin und dem Schloss zweigt am Ortsende der Weg linker Hand ab und führt weiter entlang von Wiesen und durch ein Waldstück mit schön angelegten Stufen bergauf und bergab immer der Markierung in Richtung Bad Reichenhall folgend. Achtung! Bei einem Gasthaus überqueren wir eine enge Landesstraße, um danach sofort wieder rechter Hand den Gegenanstieg in den Wald zu nehmen. Linker Hand befindet sich ein militärisches Sperrgebiet der Deutschen Bundeswehr. Mehrere Wege leiten uns im Wald entweder direkt ins Zentrum der Kurstadt Bad Reichenhall (473 m) oder über die Kirche St. Zeno und durch den Kurpark ins Ortszentrum.

Bad Reichenhall → Unken → Lofer
32 km in 8 – 9 Stunden

Charakter der Etappe

Bad Reichenhall ist bis heute geprägt vom Salzabbau und der Salzverarbeitung. Bereits die Kelten und Römer betrieben hier die Salzgewinnung. Seit 1846 ist Bad Reichenhall Kur- und Badestadt, was sich in den zahlreichen Hotels und Parkanlagen widerspiegelt und das Ortsbild bis heute prägt. Spätestens ab der Staatsgrenze sind wir endgültig im Gebirge angekommen. Der Landkreis Berchtesgaden bietet auf beiden Seiten des Saalachtales steile und bekannte Berge wie beispielsweise den Watzmann mit seiner berühmten Nordwand. In Bad Reichenhall können wir mit der Predigtstuhlbahn mühelos den gleichnamigen Berg erkunden. Der Jakobsweg führt an dieser Talstation vorbei, zuerst am bereits vor dem Ersten Weltkrieg angelegten Stausee der Saalach, dann dem Flussverlauf folgend und über einige zum Teil sehr steile Waldanstiege wieder ins Bundesland Salzburg zurück. Als Teil des Tauernradweges ist an einigen Engstellen

Bei Schneizlreuth in Bayern

Vorsicht geboten, da Mountainbiker und E-Bike-Fahrer hier unvermittelt um die Kurve kommen können. Das Saalachkraftwerk ist eines der ältesten noch in Betrieb befindlichen Kraftwerke der Deutschen Bahn, angelegt in Zeiten der Elektrifizierung der Eisenbahnstrecken. Diese Teiletappe ist, wie viele Berichte von Wanderern bestätigen, landschaftlich eine der abwechslungsreichsten und schönsten am österreichischen (hier einige Zeit bayrischen) Jakobsweg. Im letzten Drittel der Tour wandern wir durch ein breites Tal – vorbei am Ort Unken – direkt auf die beeindruckende Kulisse der Loferer Steinberge zu.

Wenn Sie diese Etappe von Bad Reichenhall bis Lofer in einem Tag gehen möchten, bedeutet das gute acht Stunden reine Gehzeit und ca. 35 Kilometer Weglänge. Ab dem Ort Reit mit der Antonikapelle gibt es keine Steigungen mehr, dadurch ist die Länge der Tagestour machbar, zumal im gesamten Verlauf schöne Wanderwege

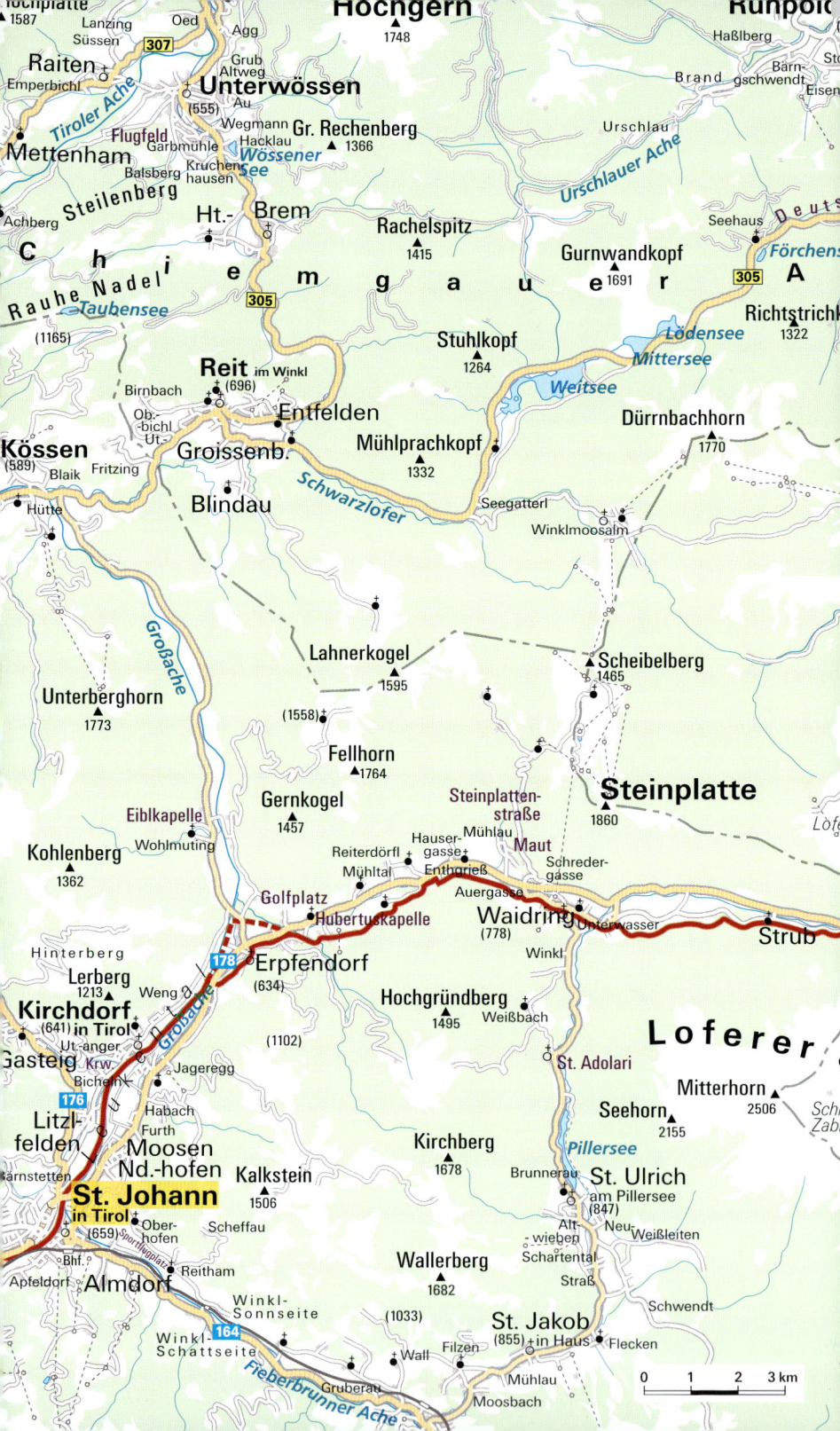

Wohlverdiente Rast

mit unterdurchschnittlich viel Asphalt vorherrschen. Der Weg führt durch zahlreiche schattige Waldgebiete entlang der Saalach, was an heißen Sommertagen recht angenehm ist. Über den sogenannten Teufelssteig überqueren wir kurz vor Lofer noch einmal die Saalach, hier noch ein wilder Gebirgsfluss, auf dem mitten im Ortsgebiet Wildwasserwettbewerbe stattfinden.

Lofer ist als Etappenziel selbst im Sommer ein Touristenzentrum mit einer guten Infrastruktur an Übernachtungsmöglichkeiten. Die Tourismusinformation im Zentrum (Tel.: 06588-8321) vermittelt Zimmer in jeder Kategorie. Sie können, um die Tagesetappe zu verkürzen, in Unken übernachten. In Reit und Au gibt es ebenfalls Gasthöfe und Hotels.

Wegverlauf

Der Jakobsweg führt in Bad Reichenhall (473 m) durch die Fußgängerzone, vorbei an der Stadtpfarrkirche St. Ägidius und dem Salinengebäude, durch die Salinenstraße, dann rechts über die Hauptstraße und durch eine Fußgängerunterführung zur Saalachbrücke. Nach der Brücke folgt der Weg – vorbei an der Talstation der Predigtstuhlbahn – dem rechten Ufer des Saalachstausees flussaufwärts. Bei Unterjettenbach (500 m) überqueren wir die Saalach und müssen einige hundert Meter linker Hand der Straße folgen, bevor der Jakobsweg rechter Hand wieder über Wiesen in den Wald, jetzt am linken Saalachufer, weiterführt. Der Weg bietet hier die Möglichkeit, durch den Ort Unterjettenbach zu gehen, was für uns wegen Problemen an der Brücke nach Überschwemmungen nicht möglich war. Der Waldweg führt mit einigen steilen An- und Abstiegen und schönen Ausblicken auf die Saalach in Richtung Schneizlreuth (511 m). Eine Fußgänger- und Radfahrbrücke führt über die Saalach in den Ort, der Jakobsweg verläuft aber weiter am linken Saalachufer.

Vor einem Schotterwerk und vorbei an einigen einzeln stehenden Gehöften erreichen wir fast unbemerkt wieder österreichisches Staatsgebiet. Vor Unken (564 m) überquert der Weg die Saalach, um unmittelbar nach der Brücke, diesmal an der rechten Saalachseite, wieder nach Unken zu führen. Unter der Brücke befindet sich ein Naturbadestrand, der zum Verweilen und zum Abkühlen der Füße einlädt. Im Ort Unken ist die Pfarrkirche dem Apostel Jakobus geweiht, ein Pflichtbesuch für Jakobswegpilger. Weiter geht es, jetzt wieder die Saalach querend und dem Hinweisschild „Schütterbad" (552 m) folgend, auf einer schattigen Nebenstraße zum gleichnamigen Hotel.

Gut markierte Wege

Eine gute Einkehrmöglichkeit, da sich dann am weiteren Weg wenig Möglichkeiten für eine Rast ergeben. Jetzt folgen noch einige Auf- und Abstiege und wir kommen an dem Zustieg zu einer Klamm vorbei. Nach einem kurzen, steilen Anstieg auf einer Asphaltstraße nach dem Ort Reit erreichen wir im Ortsteil Au (607 m) die auf einem kleinen Hügel gelegene Antonikapelle. Von hier führt der Weg linker Hand bei einer Weggabelung durch ein aufgelockertes Waldgebiet mit Wiesen und über ein Pferdegestüt in Richtung Lofer (626 m). Kurz vor Lofer teilt sich in einem kleinen Waldstück bei einem Trinkbrunnen der Weg. Man kann direkt und gut markiert ins Ortszentrum gehen oder den spektakuläreren Weg, ebenfalls markiert, über den Teufelssteg, einen Fußgängerübergang über die Saalach, wählen. Nach rund einem Kilometer erreichen wir am Gehsteig das Ortszentrum. Am großen Parkplatz direkt an der Bundesstraße befindet sich die Touristeninformation.

Lofer → St. Johann in Tirol
27 km in 7–8 Stunden

Charakter der Etappe

Lofer liegt eingebettet in die beeindruckende Kulisse der steil aufragenden Loferer Steinberge am Zusammenfluss der Saalach und des Loferbaches. Im Winter befindet sich hier ein weitläufiges Skigebiet, mit der Gondel direkt vom Ort aus erreichbar. Der Jakobsweg zweigt in Lofer entlang des Loferbaches über den Pass Strub ab und führt von Salzburg nach Tirol. Unterhalb des Passes befindet sich die noch in Teilen erhaltene Wehranlage, welche in den Napoleonischen Kriegen zu Beginn des 19. Jahrhunderts Schauplatz heftiger Abwehrkämpfe zwischen den Tiroler Freiheitskämpfern und den aus dem Erzbischoftum Salzburg eindringenden, mit den Franzosen verbündeten Bayern war. Nach der Kapitulation der Tiroler Schützen wurde die Befestigungsanlage geschliffen und erst vor einigen Jahren wurden Teile restauriert und mit Schautafeln versehen. Der Pass Strub bildet noch immer die innerösterreichische Grenze zwischen den Bundesländern Salzburg und Tirol. Der weitere

Gut zu wissen, dass wir richtig sind!

Wegverlauf führt durch das Hochtal des Strubbaches und umrahmt von den zackigen Erhebungen der Sonnwendwand über Waidring in das Tal der Großen Ache, dem Zusammenfluss der Kitzbüheler, Reither und Fieberbrunner Ache. Im weitläufigen Talgrund führt der Radweg entlang der Großen Ache flussaufwärts nach St. Johann in Tirol. Markant ist die mit einem Sendemasten gekrönte Spitze des Kitzbüheler Horns zu erkennen. St. Johann in Tirol liegt als Verkehrsknotenpunkt am Zusammenfluss der bereits erwähnten drei Achen und ist seit der Zeit der Kelten und Römer besiedelt. Die barocke Kirche im Zentrum zählt mit ihren beiden mächtigen Türmen zu den größten Sakralbauten Tirols.

Übernachtungsmöglichkeiten in allen Kategorien bei Tourist Info St. Johann in Tirol (Tel.: 05352-633350).

Wegverlauf

Der Jakobsweg zweigt in Lofer (626 m) vom Saalachtal rechter Hand entlang des wunderschönen Strubbaches auf einen schmalen geschotterten Weg leicht ansteigend hinauf zum Pass Strub (775 m) ab. Achtung, der Wanderweg ist gleichzeitig der Tauernradweg und es ist immer mit Radfahrern zu rechnen. Wir unterqueren die Bundesstraße und erreichen die Reste der alten Wehranlage der Burg Strub. Direkt an der Landesgrenze befindet sich die erste Tiroler „Jakobwegtafel" mit ausführlichen Hinweisen und einem Ausblick auf den weiteren Wegverlauf. Bis in den Ort Waidring (778 m) verläuft der Jakobsweg parallel zur Hauptstraße, verlässt diesen nach dem Ort und führt durch Wiesen und Waldstücke in Richtung Erpfendorf (635 m). Vorbei an einer großen Ferienanlage des Hotels Lärchenhof und an einem Golfplatz führt der Weg jetzt am Radweg an einem Damm – zuerst am linken Flussufer auf asphaltiertem Untergrund – bis zu einer Kapelle mit Rastplatz und Wasser. Weiter geht es über die Brücke in Richtung Ortszentrum Kirchdorf (641 m) und unmittelbar nach der Brücke wieder parallel zur Großen Ache weiter in einem weiten Bogen in Richtung St. Johann in Tirol (659 m). Bei der zweiten Brücke können wir die Große Ache überqueren und in Richtung Ortszentrum mit Kirche und Tourismusinformation abzweigen.

Loferer Steinberge und Strubbach

Tirol

St. Johann in Tirol → Söll → Itter
31 km in 8–9 Stunden

Charakter der Etappe

Der heutige Tag führt uns am Radweg zuerst entlang der Reither Ache aus St. Johann in Tirol hinaus. Gut sichtbar sind rechter Hand die bekannten Gipfelformationen des Wilden Kaisers. Der Jakobsweg führt entlang des Massivs an der Sonnseite am sogenannten Römerweg – ein bereits zu Römerzeiten benutzter Weg – bis nach Going. Beim bekannten Stanglwirt, bei dem am Rennwochenende der Hahnenkammrennen alljährlich die legendäre Weißwurstparty stattfindet, führt der Weg über Ellmau und Scheffau nach Söll bzw. weiter in den Ort Itter, von wo aus bereits das darunterliegende Inntal zu erkennen ist.

Das Gebiet zwischen Kitzbühel, St. Johann in Tirol, Ellmau, Scheffau und Söll ist im Winter eines der Zentren des Wintersports in Tirol. Mehr als 80 000 Gäste täglich bevölkern dann die Pisten; wie ruhig ist dagegen das Wandern am Jakobsweg im Sommer. In Ellmau kommen wir direkt bei der Ordination des „Bergdoktors" vorbei, bekannt aus der gleichnamigen Fernsehserie. Ein großer Parkplatz zeugt davon, wie viele Besucher durch die bekannte TV-Produktion zur Besichtigung anreisen, um sich hier fotografieren zu lassen. Gleich nach der „Filmkulisse" ist man aber wieder einsam durch Mittelgebirgslagen auf Waldwegen und steilen Anstiegen unterwegs – immer mit dem Blick zurück auf den Wilden Kaiser. Söll ist auch im Sommer ein gut besuchter Ort mit Übernachtungsmöglichkeiten (TVB Wilder Kaiser, Info Söll, Tel.: 050-509 210). Weiter führt der Weg durch eine breite Hochfläche leicht abfallend nach Itter. Von der Kirche und vom Zentrum von Itter haben wir schon einen guten Ausblick ins Untere Inntal in Richtung Wörgl. Direkt beim Ortseingang von Itter befindet sich mit dem Maurerhof eine der wenigen als „Pilgerherberge" ausgewiesene Unterkunft mit schönen Gästezimmern, eher ein Urlaub am Bauernhof (Tel.: 05335-2693).

Pfarrkirche in Söll

Wegverlauf

Von der Kirche in St. Johann (659 m) über den Dorfplatz, vorbei an der Tourismusinformation und über eine Brücke erreichen wir wieder den Jakobsweg, der hier gleichzeitig Radweg ist. Am Zusammenfluss der Reither Ache mit der Großen Ache leitet uns der Weg durch das Gewerbegebiet von St. Johann. Wir überqueren die Bundesstraße und folgen zuerst einem schmalen Steig entlang eines kleinen Baches (Markierung „Römerstraße") in Richtung Römerhof. Die asphaltierte Nebenstraße führt leicht ansteigend weg von der vielbefahrenen Bundesstraße. Vorbei an einigen Bauernhöfen und dem Gasthof Römerhof (785 m) linker Hand dann steil wieder zurück ins Tal, wo wir durch eine Unterführung beim bekannten Hotel Stanglwirt in Going (772 m) die Bundestraße unterqueren. Ohne diese Unterführung wäre bei dem vorherrschenden Verkehr eine gefahrlose Querung kaum möglich. Über den Bach und dann im Wald weiter bis in den Ort Ellmau (820 m). Hier verlässt der Jakobsweg die Nähe zur Bundesstraße und führt auf

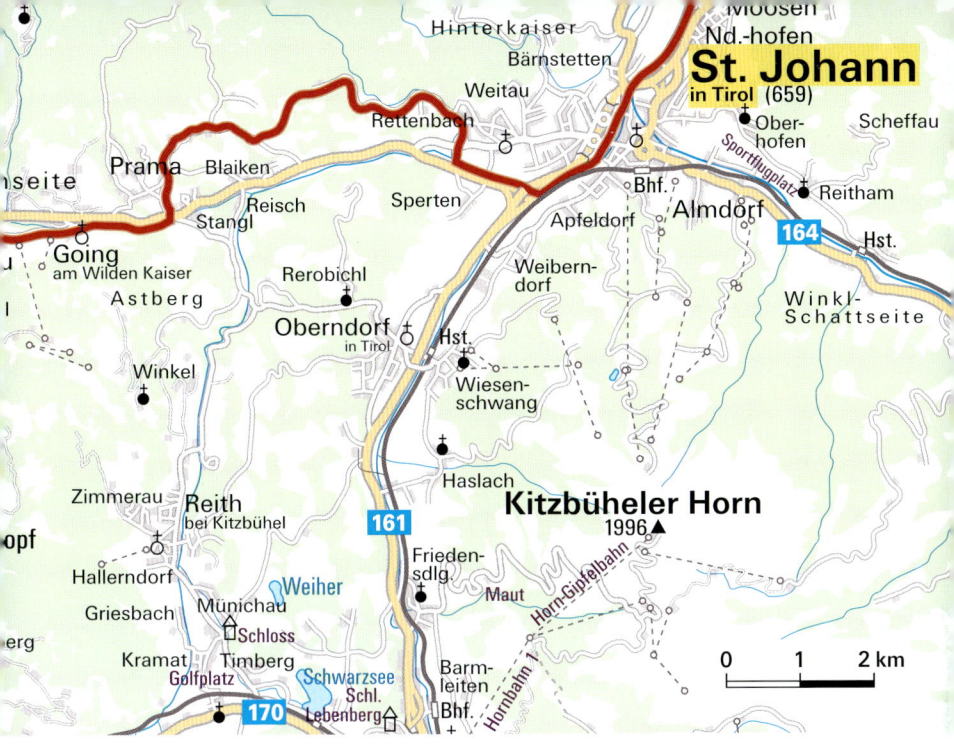

einem asphaltierten Weg, vorbei am „Bergdoktorhaus", steil ansteigend in mehreren Serpentinen weiter in Richtung Westen. Nach einem steilen Abstieg zweigt linker Hand ein schmaler, markierter Steig von der Straße ab und führt durch Weidegebiet entlang eines Baches im Wald bergab nach Scheffau (688 m). Dort nicht die vielbefahrene Bundesstraße queren, sondern gleich hinter der Tankstelle weiter zur Talstation der Scheffauer Bergbahnen. Hier zweigt ein schmaler, sehr steiler Steig unter der Bergbahn am Hang und im Wald hinauf in Richtung Bocking ab. Entlang dieses Berghangs, der sogenannten Schattseite, erreichen wir durch Wiesen und auf Nebenstraßen den Ort Söll (698 m). Auch im Sommer touristisch erschlossen, bieten sich hier einige Übernachtungsmöglichkeiten an. Oder Sie wandern noch ca. 1 ½ Stunden weiter nach Itter (703 m). Leicht ansteigend führt uns der Jakobsweg zuerst aus Söll hinaus in Richtung Norden, dann queren wir nach Süden hin die Bundesstraße und erreichen auf Feldwegen und Nebenstraßen den Ort Itter.

Itter → Rattenberg
29 km in 7–8 Stunden

Charakter der Etappe

In dieser Tagesetappe erreichen wir das Untere Inntal mit dem gleichnamigen Fluss, dem wir in den nächsten Tagen flussaufwärts folgen werden. Das Untere Inntal zwischen Kufstein und Innsbruck ist geografisch gesehen ein enges Tal, das nur Platz für den Inn, die Eisenbahn, die Inntalautobahn und kleinere Nebenstraßen bietet. Der Verkehrslärm durch den Transitverkehr über den Brenner ist in den nächsten Tagen zumeist unser ständiger Begleiter. Im Oberen Inntal wird das Tal dann noch enger, aber das Verkehrsaufkommen ist etwas geringer. Den wichtigen Verkehrsknoten Wörgl umgehen wir gut am Radweg entlang der Brixentaler Ache und der Bahnstrecke. So sparen wir uns den Weg durch das Stadtgebiet. Teile der Strecke führen auf dem heutigen Wegverlauf entlang des Inntalradweges

und nach Wörgl überquert der Jakobsweg auf einer kleinen Brücke den smaragdgrünen Inn, um an der Nordseite des Inntals ansteigend durch landwirtschaftlich geprägte Orte zu führen. Wir genießen trotz des Transitverkehrs schöne Ausblicke in das darunterliegende Inntal und links und rechts auf die steil aufragenden Berge. Bei Breitenbach erreichen wir nach einem steilen Abstieg im Wald wieder den Fluss und den Ort. Wieder ansteigend verlassen wir die Talsohle wieder und wandern vorbei am „Museum Tiroler Bauernhöfe" – einem Freilichtmuseum mit historischen landwirtschaftlichen Gebäuden. Weiter geht es durch ein weitläufiges Wiesengebiet nach Voldöpp. Hier überqueren wir die Autobahn und den Inn und erreichen den mittelalterlichen Ort Rattenberg. Flächenmäßig ist Rattenberg die kleinste Gemeinde Österreichs, hat aber mit einer Burgruine, einer sehenswerten Kirche und einem mittelalterlich geprägten Zentrum viel für eine kurze Besichtigung nach der Tour zu bieten.

Breitenbach

Übernachtungsmöglichkeiten gibt es in Rattenberg, Radfeld und dem nahe gelegenen Brixlegg. Tourismusbüro Rattenberg/Radfeld/Brixlegg (Tel.: 05337-2120050).

Wegverlauf

Von Itter (703 m) führt uns der Weg durch den Wald auf einer schmalen Forststraße steil bergab, bis wir die Bundesstraße erreichen. Diese überqueren wir und weiter führt uns der Weg am nördlichen Hang an einigen Bauernhöfen vorbei – zuerst ansteigend, dann wieder die Bundesstraße kreuzend, anschließend auf dem Rad- und Fußweg entlang der Brixentaler Ache talauswärts. Wir folgen dem Flussverlauf, unterqueren anschließend parallel zur Eisenbahn die Autobahnauffahrt und die Autobahn und umgehen die Stadt Wörgl (503 m). Die Abzweigung ins Ortszentrum ist beschildert. Beim Inn folgen wir dem Radweg und queren den Fluss auf einer kleinen Brücke (Innsteg). Jetzt führt der Jakobsweg auf einem asphaltierten Weg an der Nordseite des Inntals in ein Hochtal durch die Ortschaften Thal (609 m) und Kleinsöll bis nach Moos. Achtung! Hinter der kleinen Kirche in Moos zweigt ein kaum sichtbarer Weg durch eine Wiese in ein Waldstück ab. Der Einstieg ist aber mit etwas Mühe zu finden. Dann wieder als Jakobsweg markiert, führt der Weg an der steilen Geländekante entlang, die zum Inn hin abbricht. Auf einem schmalen Waldsteig gelangen wir nach Breitenbach am Inn (510 m). Vorbei an einem Freizeitgelände mit Bad erreichen wir das Ortszentrum. Eine Markierung ist hier leider nicht vorhanden beziehungsweise macht der Jakobsweg einen Umweg, daher geht es bei Spar Markt und Kreisverkehr vorbei weiter in Richtung Westen, rechts leicht ansteigend auf der Straße in Richtung Kramsach (520 m). Nach rund 700 Metern mündet von rechts kommend wieder der Jakobsweg ein, der gleich über die Straße linker Hand in eine Nebenstraße mündet. Dieser schmale asphaltierte Weg führt an einer kleinen Jakobswegkapelle mit genauen Kilometerangaben nach Santiago vorbei, führt

Schattige Rast

Blick von Kramsach ins Inntal

wieder bergauf durch Wald und Wiesen vorbei am Freilichtmuseum „Museum Tiroler Bauernhöfe", später durch ein weites Wiesengebiet, schlecht markiert über Angerberg, in Richtung des Inntals nach Westen, nach Voldöpp (521 m). Achtung! Durch Vermurungen hat sich hier der Wegverlauf deutlich geändert. Orientieren kann man sich aber gut an der Kirche in Voldöpp, welche die Richtung vorgibt. Dort gibt es, wie fast überall in Tirol, einen öffentlichen Trinkbrunnen. Der Weg führt uns weiter nach Süden in Richtung Rattenberg (521 m). Wir unterqueren die Autobahn, dann unmittelbar anschließend überqueren wir den Inn auf einer Brücke und sind unvermittelt im Ort Rattenberg.

Rattenberg → Schwaz
30 km in 8–9 Stunden

Charakter der Etappe

In Rattenberg können wir in einer Seitenkapelle der Pfarrkirche eine Büste der hl. Notburga von Rattenberg besichtigen, die als Schutzpatronin der Landwirtschaft und Dienstmägde verehrt wird. Eine frühe Gewerkschafterin, die sich für „geregelte" Arbeitszeiten im Mittelalter stark gemacht hat. Sie verteilte Lebensmittel an Bedürftige, wird heute noch in weiten Teilen Tirols, Bayerns und des Alpenraums verehrt und zumeist mit Sichel und Ähren dargestellt.

Der heutige Wegverlauf bleibt weiter im Unterinntal entlang des Inns. Eine gemütliche, eher flache Tagesetappe, vorbei am Industrieort Jenbach, wo der Inn und die Straße aus dem Zillertal einmünden, und wieder auf die andere Seite des Innufers über Vomp in die Bezirksstadt Schwaz. Bemerkenswert sind die zahlreichen Wehrburgen und Schlösser wie Schloss Matzen bei Brixlegg oder Tratzberg am Weg zwischen Jenbach und Vomp, die an strategisch wichtigen Orten wie dem Eingang ins Zillertal oder an Engstellen im Inntal errichtet wurden. Damit konnten der Verkehr und alle Bewegungen im engen Inntal genau kontrolliert und überwacht werden. Sehenswert sind die Kirchen mit ihren charakteristischen hohen und spitzen Kirchtürmen und der zumeist sehr üppigen barocken Innenausstattung. Von Jenbach führt uns der markierte Weg entlang einer Nebenstraße vorbei an Schloss Tratzberg, welches besichtigt werden kann. Es beherbergt gut erhaltene spätmittelalterliche Räume. Wenn Sie schneller vorankommen möchten, empfiehlt es sich, Jenbach zu umgehen und am Radweg entlang des Inns nach Schwaz zum Bahnhof zu wandern. Der Radweg verläuft zwar parallel zur Autobahn mit entsprechendem Lärm, hier gibt es aber leider keine besseren Möglichkeiten oder Varianten. In Terfens und den anderen kleineren Ortschaften sind schwer Unterkünfte zu bekommen, es ist daher empfehlenswert im Ort Schwaz Unterkunft zu nehmen, oder weiter im Tal entlang – wenn es die Kondition noch zulässt – bis Hall zu wandern. Durch die Covid-19-Pandemie hat sich das „Wirtshaussterben" in den ländlichen Regionen leider noch einmal beschleunigt. Viele dieser bäuerlich geprägten Dörfer haben zwar eine Kirche, inzwischen aber keinen eigenen Pfarrer mehr, keine Post, keine Einkaufsmöglichkeiten und immer öfter auch keine Gaststätte mehr. Tourismusverband Silberregion Karwendel (Tel.: 05242-63240).

Wegverlauf

Durch die Fußgängerzone und das mittelalterliche Stadtzentrum von Rattenberg (521 m) geht es nach Westen in Richtung Brixlegg, leicht ansteigend dann am Bahnhof vorbei, verläuft der Jakobsweg hier wieder als Teil des asphaltierten Inntalradweges entlang des Inns flussaufwärts. Bei St. Gertraudi (540 m) zweigt der Weg zur Kirche ab (Variante für den Kirchenbesuch), dann geht es unter der Burg vorbei oder man bleibt gleich direkt am Radweg und erreicht die Brücke über die Ziller und anschließend den Ort Strass (523 m) im Zillertal mit seinem weithin sichtbaren grünen Kirchturm. Wir wandern weiter in Richtung Westen, biegen nach rechts und queren die Gleise der Zillertalbahn, einer Schmalspurbahn. Durch eine wunderschöne, schattige Lindenallee gelangen wir bis zum Schloss Rotholz. Hier queren wir noch einmal die Gleise der Zillertalbahn.

Beim Schloss gibt es zwei Möglichkeiten, den Inn zu überqueren: entweder über die Brücke parallel zur Bahn oder rund 100 Meter weiter westlich durch den Schlosspark über den Notburgasteg in den Industrieort Jenbach (563 m). Der Jakobsweg bleibt jetzt bis Innsbruck an der Nordseite des Inns. Vorbei an der Burg Tratzberg, mehrmals die Landesstraße kreuzend, erreichen wir Stans (564 m) und anschließend Vomp (563 m). In Vomp verläuft der Weg auf Gehsteigen entlang der Landesstraße und dann weiter in Richtung Terfens (589 m) durch Wald und entlang der Landesstraße. Leider gibt es in Terfens kaum Übernachtungsmöglichkeiten, daher ist es besser in Vomp nach Schwaz (545 m) abzuzweigen und die Etappe dort abzubrechen, oder – wenn die Kondition noch ausreicht – bis Gnadenwald (das ist ein Anstieg auf 879 m) oder bis Hall i. Tirol (im Tal) weiterzuwandern.

Strass am Eingang ins Zillertal

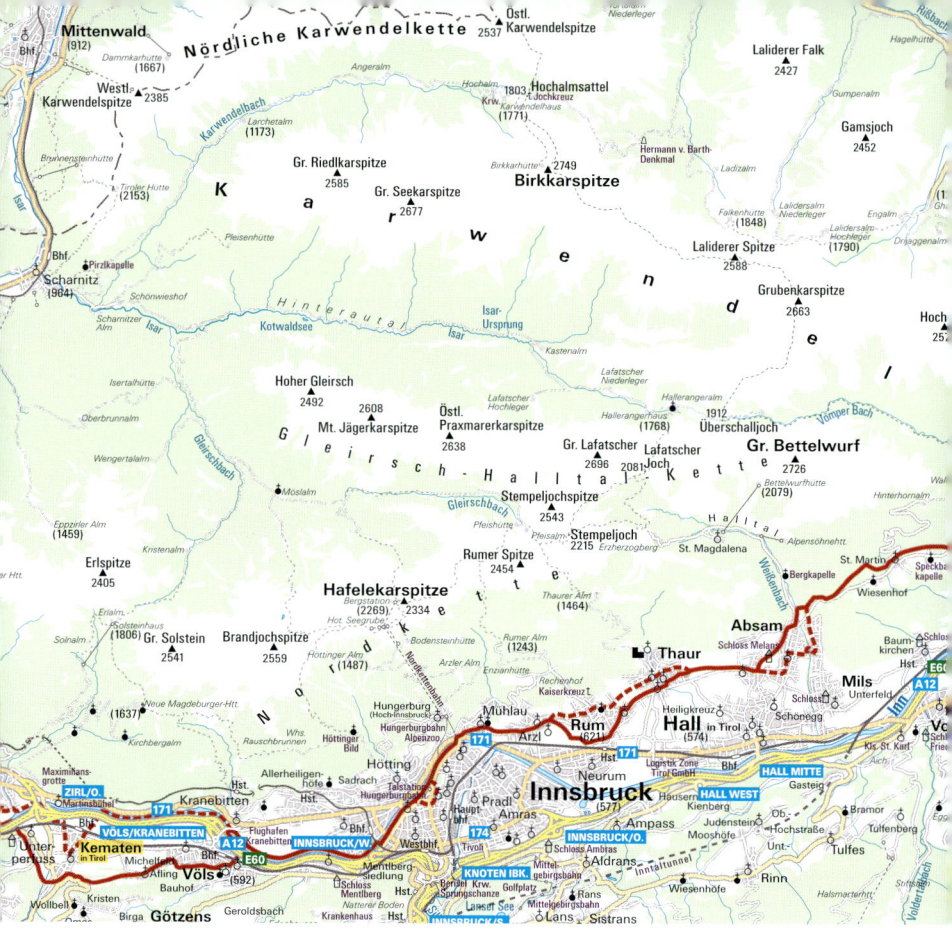

Schwaz → Innsbruck oder Kematen
26 km in 6–7 Stunden

Charakter der Etappe

Vor Innsbruck führt der Jakobsweg auf der sonnigen Nordseite in mittleren Höhenlagen immer etwas auf und ab das Untere Inntal entlang nach Westen. Vorbei an der historischen Stadt Hall in Tirol mit der mittelalterlichen Altstadt und dem Münzturm, die nicht direkt am Jakobsweg liegt, können wir am linken Innufer bereits den Patscherkofel mit der Sprungschanze in Innsbruck erkennen. Auf der nördlichen Seite des Inntals wandern wir nach einem steilen

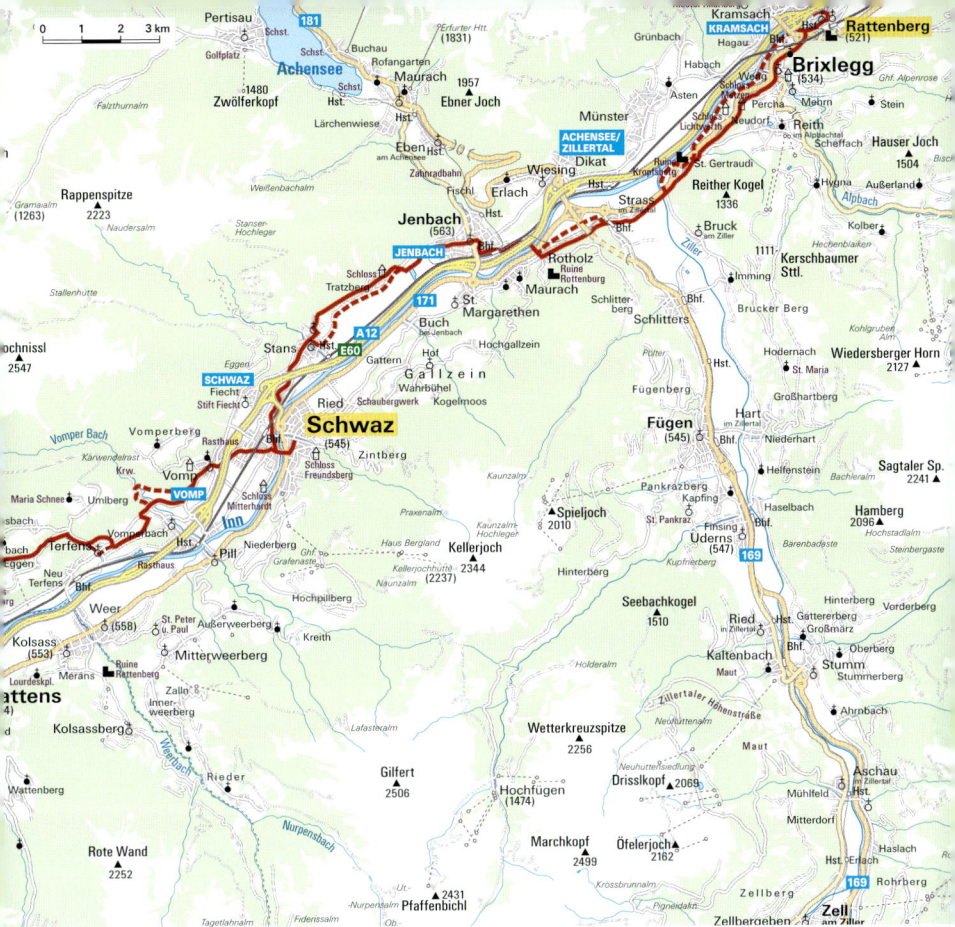

Aufstieg mit über 300 Höhenmetern über ein Hochplateau und den Ort Gnadenwald entlang der Nordkette langsam bergab in Richtung Landeshauptstadt. Landwirtschaftlich ist die Gegend vor Innsbruck vor allem geprägt durch intensiven Gemüseanbau (Salat und Kräuter). Sehenswert ist die Kirche in Absam, nach einer Marienerscheinung im Jahr 1797 einer der bedeutendsten Wallfahrtsorte Tirols. Von einer Anhöhe mit Bildstock haben wir einen tollen Ausblick ins Untere Inntal. Auch Innsbruck ist bereits gut sichtbar. Bei Mühlau erreichen wir die Stadtgrenze von Innsbruck, überqueren den Inn und orientieren uns nach der Stadtmitte.

Blick zurück auf Innsbruck

Als Erholungstag bietet sich Innsbruck gut für Besichtigungen an. Zum Beispiel die Hofburg, der dem hl. Jakobus d. Ä. geweihte Dom, der bereits 1270 erstmals urkundlich erwähnt wurde, das Goldene Dachl und die Laubengänge im Zentrum, um nur einige Sehenswürdigkeiten zu erwähnen. Neben dem Dom betreibt die Jakobsgemeinde Tirol eine Pilgerherberge (Tel.: 0512-583902). Daneben gibt es in der Landeshauptstadt Tirols Unterkunftsmöglichkeiten in allen Kategorien (Innsbruck Tourismus, Tel.: 0512-5356). Wer den Trubel einer touristisch geprägten Stadt am Jakobsweg nicht schätzt, kann am linken Innufer entlang die Stadt in Richtung Völs und Kematen verlassen und sich dort eine Unterkunft nehmen. Sie können die Stadt auch mit dem Bus verlassen und sparen sich das beschwerliche Wandern durch die Stadt.

Übernachtungsmöglichkeiten in Privatunterkünften oder dem neu errichteten Hotel Edelmanns in Kematen (Tel.: 05232-20555). Obwohl zwischen Eisenbahn und Autobahn gelegen, ist es ruhig und gemütlich. Die Betreiber sind Jakobswegpilger.

Wegverlauf

Aus dem Ort Schwaz (545 m) wieder zurück auf den Jakobsweg in Richtung Vomp, ansteigend entlang der Straße und weiter am Seniorenheim vorbei, verlassen wir Vomp. Weiter auf einem Feldweg dann mehrfach die Landesstraße querend beziehungsweise dieser folgend, geht es bergauf in Richtung Vomperbach. Weiter durch einen Wald links abzweigend, erreichen wir Terfens (589 m). An Bauernhöfen vorbei zum Ortszentrum mit Kirche, Post und Café. Leider gibt es keine privaten Unterkünfte in Terfens. Am Kirchplatz nach rechts der Straße folgend, wandern wir in Richtung Maria Larch auf dem als „Besinnungsweg" gekennzeichneten Weg. Von Terfens ins Hochtal nach Gnadenwald (879 m) sind noch gut 300 Höhenmeter zu überwinden. Über einen beschwerlichen Stufenweg, vorbei an der Maria Larch Kapelle, einen Schotterweg und eine schmale asphaltierte Straße, vorbei an der Erscheinungskapelle, erreichen wir den Ort Gnadenwald in einem Hochtal gelegen. Wie so oft orientieren wir uns an der Kirche und dem Kirchturm, der schon von Weitem gut sichtbar ist. Noch einmal steigt der Weg an, wir überqueren die Hauptstraße, gelangen auf einen ansteigenden Forstweg und folgen den Hinweisschildern Richtung St. Martin (890 m). Auf dem als „Besinnungsweg" ausgewiesenen Pfad wandern wir im Wald dahin, moderat bergauf kommen wir so nach St. Martin. Danach geht es bergab und über einen Bach nach Absam (632 m). Die Basilika in Absam ist nach einer Marienerscheinung im Jahr 1797 eine der wichtigsten Wallfahrtskirchen Tirols. Durch den Ort führt der Weg jetzt in Richtung Thaur. Am Ortsende etwas oberhalb der Landesstraße leitet uns eine Nebenstraße durch Gemüseanbaugebiet. Auf einer kleinen Anhöhe befindet sich ein der hl. Notburga geweihter Bildstock. Wir wandern auf einem Feldweg weiter in Richtung Thaur (632 m), wo es fünf Kirchen gibt. Durch den Ort wandern wir bergauf entlang des „St.-Georgs-Wegs" in Richtung Arzl (642 m). Der Arzler Straße folgend, kommen wir in den Ort Mühlau und zweigen beim Gasthof Koreth nach links in die Anton-Rauch-Straße. Dann überqueren wir den Inn, wandern an der Talstation der Hungerburgbahn vorbei und gelangen über die Innpromenade zum Kongresszentrum. Dort zweigen wir links ins Zentrum von Innsbruck (570 m) zu Domplatz und Dom ab, der dem hl. Jakobus geweiht ist. In unmittelbarer Nähe befindet sich die Pilgerherberge der Jakobsgemeinde Innsbruck. Vom Domplatz geht es durch die Pfarrgasse, und vorbei am Goldenen Dachl kommen wir wieder zum Innufer. Es sind beide Innufer als Wegvarianten möglich, um die Stadt zu verlassen. Flussaufwärts der linke Weg ist gleichzeitig der Inntalradweg, der nach einiger Zeit auch wieder als Jakobsweg ausgeschildert ist. Dieser führt unter der Autobahn, der Bundestraße und der Eisenbahn durch nach Völs (589 m). Durch den Ort, vorbei am Sportplatz und einem Teich kommen wir nach Afling und durch Wiesenwege nach Kematen (610 m).

Kematen → Stams
29 km in 7–8 Stunden

Charakter der Etappe

Kematen liegt am Beginn des Oberen Inntals an der Einmündung des Sellraintals ins Inntal. An der Nordseite des Inntals sehen wir die berühmte Martinswand, in der sich der junge Kaiser Maximillian I. bei einer Gemsenjagd verstiegen haben soll und der Legende nach nur mit Gottes Hilfe und viel Mühe gerettet werden konnte. Kematen liegt in der Einflugschneise des Flughafens Kranebitten an der Autobahn, die sich hier vom Arlberg kommend mit der Strecke über den Brenner vereinigt. Gemeinsam mit Arlbergbahnstrecke und Inn bleibt nicht mehr viel Platz im Tal. Der Höhenunterschied zwischen Kematen und Stams beträgt nur wenige Höhenmeter, trotzdem birgt die heutige Etappe einiges an An- und Abstiegen. Nach Kematen gehen wir auf einem Radweg und queren zuerst die Autobahn und die Arlbergbahn in Richtung Zirl. In Itzing, an der Südseite des Inntals, wandern wir von Dorf zu Dorf und vor allem von Kirche zu Kirche immer bergauf und bergab durch Wiesen und Waldstücke bis in den Ort Stams. Wie eine Kette reihen sich die barocken Kirchen in Inzing, Hatting, Polling, Flaurling, Pfaffenhofen, Rietz und Haslach aneinander bis zum Höhepunkt der Klosteranlage Stams. Typisch sind in all diesen kleinen Orten die Trinkbrunnen, manchmal sogar mehrere in einem Ort, und die eindrucksvollen Bauernhöfe. Das prächtige Zisterzienserkloster Stams ist seit langer

Stams

Zeit das geistliche Zentrum des Oberinntals und beherbergt heute das bekannte „Schigymnasium", eine der Kaderschmieden des österreichischen Wintersports. Grundsätzlich besteht für Jakobswegpilger die Möglichkeit, im Kloster Quartier zu nehmen, aber nur, wenn der zuständige Pater anwesend ist (Tel.: 05263-6242). Privatquartiere im Ort sind vorhanden und natürlich auch über den Tourismusverband Tirolmitte (Tel.: 05238-88255) zu erfahren.

Wegverlauf

Von der Ortsmitte in Kematen (610 m) in Richtung Westen der Straße bis zu einer Kreuzung folgen, bei der die Straße aus dem Sellraintal einmündet, nach rechts abzweigen, an der Tankstelle vorbei, der Straße weiter nach Unterperfuss (610 m). Dann die Arlbergbahn und die Autobahn queren und flussaufwärts linker Hand parallel zur Autobahn weiterwandern. Hier verläuft gleichzeitig der Inntalradweg. Kurz vor dem Bahnhof in Inzing (615 m) unterquert der Jakobsweg wieder Autobahn und Eisenbahn und führt jetzt

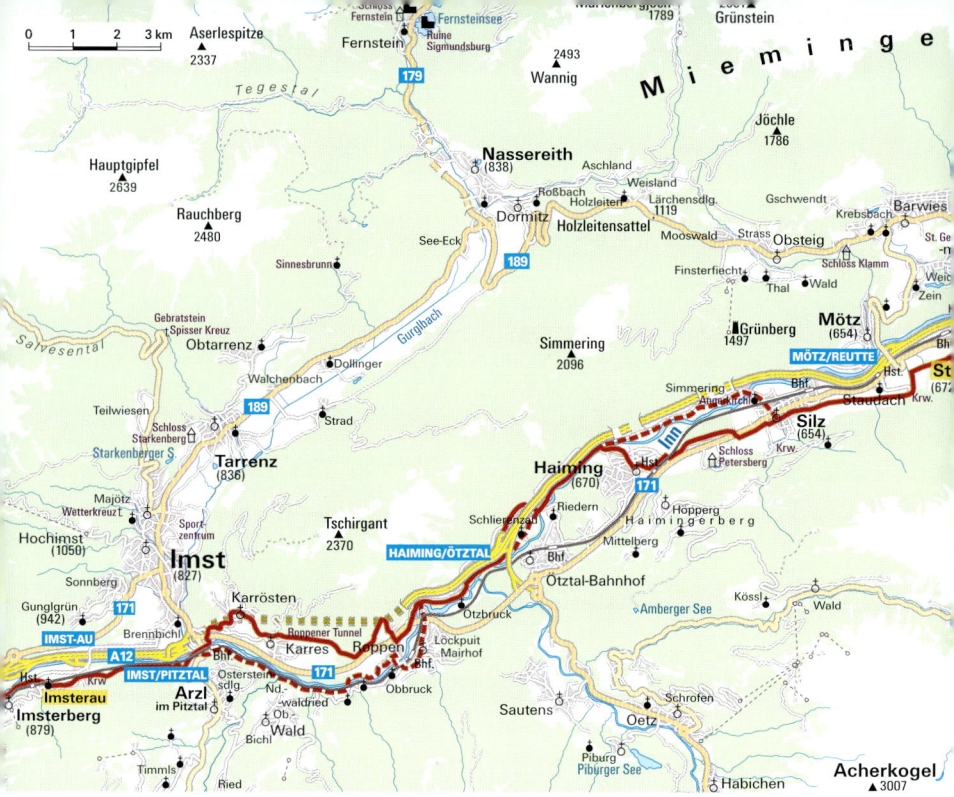

entlang der Südseite des Inntals durch Wiesen und Waldstücke gut markiert immer bergauf und bergab durch die kleinen Ortschaften Hatting (616 m), Polling in Tirol (615 m), Flaurling (675 m) und Pfaffenhofen (642 m). Weiter an der Kirche in Pfaffenhofen vorbei bergab in Richtung Westen. Kurz nach der Abzweigung zum Bahnhof die Straße überqueren und linker Hand durch die Gasse „Aue" zum Hang linker Hand nach Süden abzweigen. Vorbei an einem Sägewerk, dann links haltend auf einem Wiesenweg bergauf, bei einem Waldstück auf dem Hang über eine Holzbrücke und weiter auf Schotter- und Asphalt in den Ort Rietz (685 m). Beim Trinkbrunnen mit den drei Wasserhähnen bergab der Asphaltstraße folgen. Schon von Weitem ist jetzt die Klosteranlage Stams (672 m) im Tal zu erkennen, die wir nach einem kurzen Anstieg auf der Asphaltstraße, vorbei an der Skisprunganlage des „Schigymnasiums" und einem Campingplatz, erreichen.

Stams → Imsterau
30 km in 8 – 9 Stunden

Charakter der Etappe

Die heutige Jakobswegetappe von Stams bis Imsterau beginnt so wie die Tour am Vortag geendet hat. Wir bleiben an der Schattseite des Oberen Inntals, etwas abseits vom Verkehr der Arlberg-Schnellstraße. Der nächste Ort ist Staudach, wieder mit einer barocken Pfarrkirche. Eine Variante führt über den Ort Mötz unterhalb der Arlberg-Schnellstraße. Diese Wegvariante mündet nach dem Ort, jetzt wieder am Inntalradweg, in den Jakobsweg. Weiter führt der Normalweg im Ort Silz über die Innbrücke entlang der Autobahn am Inntalradweg eben nach Westen, vorbei an Bauernhöfen, einer kleinen Kapelle bis zum Parkplatz, wo Kletterbegeisterte in den steilen Wänden Klettersteige in verschiedensten Schwierigkeitsgraden

Im Föhrenwald entlang des Inns

vorfinden. Hier befindet sich auch die Einstiegsstelle beziehungsweise Landestelle für Raftingtouren auf dem Inn. Der nächste Abschnitt, der sogenannte Bojenweg, ist ein schmaler Steig entlang des Inns und einer der schönsten Abschnitte im Inntal. Kurz vor Roppen teilt sich der Weg. Der markierte Jakobsweg leitet auf der rechten Innseite über „Römerbad" durch Imst. Die landschaftlich schönere Variante führt über die Radbrücke und den Ort Roppen, durch die Imster Schlucht zum Bahnhof Roppen, wo der Jakobsweg aus Imst wieder einmündet.

Auf der alten Pitztalstraße, gleich hinter dem Bahnhof Imst, steigt der Jakobsweg entlang der Bergflanke an und führt durch einen schönen Waldweg nach Imsterau. Gleich hinter einer „Pilgerrast" befindet sich direkt am Jakobsweg mit dem Gasthof Alpenrose ein Landgasthof, der Pilgern Übernachtung mit Halbpension anbietet (geöffnet erst ab 16 Uhr, Tel.: 05412-64119).

Wegverlauf

Nach dem Zisterzienserstift Stams (672 m) führt der Jakobsweg auf der asphaltierten Straße einen Wald durchquerend, vorbei am Sportplatz und einem Kraftwerk, nach Staudach. Hier teilt sich der Jakobsweg, nach rechts führt die Variante über Bahn, Fluss und Schnellstraße in den Ort Mötz (654 m), oder an der Schattseite bleibend auf Feldwegen parallel zur Straße nach Silz (652 m). In Silz im Ortszentrum biegen wir nach rechts ab und gehen über die Innbrücke. Hier mündet rechter Hand wieder die Variante über Mötz ein. Weiter geht es noch einige Kilometer am Radweg Richtung Westen parallel zur darüber verlaufenden Schnellstraße, die hier mehrere Lawinenschutzbauten aufweist. Vorbei am Parkplatz für Kletterer und der Anlegestelle für Raftingboote folgt der Jakobsweg auf einem schmalen Steig dem markierten „Bojenweg". Der Weg führt entlang der steilen Hänge durch Föhrenwald ansteigend bis zu einer Straße und von dort linker Hand bergab in den Ort Schlierenzau (687 m). Wir folgen dem Radweg und gelangen später auf einem schmalen Fußweg entlang der Nordseite des Inns durch Föhrenwald bis zu einer Radbrücke. Hier teilt sich der Weg erneut. Der markierte Hauptweg führt entlang des Inns, vorbei an „Römerbad" in den Ort Imst und von dort zum Bahnhof Imst. Die Variante über den Radweg quert hier den Inn und führt dann ansteigend entlang der Bahn in den Ort Roppen (705 m).

Bergab auf der Straße in Richtung Imst kommen wir durch eine Bahnunterführung und in der ersten scharfen Kurve biegen wir nach links auf einen Fußweg zum Sportplatz ab. Direkt beim Restaurant zweigt der als „Imsterschlucht" markierte Weg ab, der entlang des Flusses zum Imsterbahnhof (718 m) führt. Unmittelbar hinter der Bahnhofsanlage überquert der Weg die Bahn bei einem Bahnübergang und steigt entlang der alten Pitztalstraße den Hang hinauf. Nach einem halben Kilometer zweigt der Jakobsweg rechter Hand entlang des Hanges in einen Forstweg in den Wald ab und wir erreichen nach dem Abstieg im Tal auf einer schmalen Asphaltstraße den Ort Imsterau (725 m). Unmittelbar hinter einer schön angelegten „Pilgerrast" direkt bei der Bahnhaltestelle Imsterau/Imsterberg befindet sich mit dem Gasthof Alpenrose eine gute Übernachtungsmöglichkeit direkt am Weg.

Imsterau → Grins
23 km in 6–7 Stunden

Charakter der Etappe

Die heutige Tagesetappe führt uns von Imsterau über Obsaurs, an der St.-Vigil-Kirche vorbei, über den 940 m hoch gelegenen Wallfahrtsort Kronburg. Das ist die erste richtige Bergetappe am Tiroler Jakobsweg. Beim Aufstieg nach Kronburg überqueren wir auf einem schmalen Steg die tief eingeschnittene Kronburger Schlucht. Kronburg mit Kloster, Kirche und einer verfallenen Burg liegt auf einer Einsattelung und beherbergt heute ein Seminarzentrum, das von den Barmherzigen Schwestern betrieben wird. Im Kronburger Gasthof besteht eine Übernachtungsmöglichkeit. Gut sichtbar ist die Kronburg beim späteren Anstieg von Landeck beziehungsweise Zams in Richtung Arlberg; sie thront auf einer steilen Klippe hoch über dem Inntal. Der weitere Wegverlauf führt uns von Kronburg durch Wald

und Wiesen in den Ort Zams, der mit der anschließenden Bezirksstadt Landeck in einem breiten Talkessel im Zusammenfluss von Inn
und Sanna liegt. Hier verlässt der Jakobsweg das Inntal und folgt der
Sanna beziehungsweise später der Rosanna zwei Tage lang immer
ansteigend bis zum Arlberg. Bei Zams überquert der Jakobsweg das
letzte Mal den Inn und steigt über eine steile Geländekante am sogenannten Pfaffenweg auf einem schmalen Steig im Wald rechter
Hand nach Grins ab. Der Ort Grins ist bekannt als „Schnapsbren-
nerort", befinden sich hier doch 16 bäuerliche Schnapsbrennereien.
Das besondere Klima am Sonnenhang hoch über dem Inntal be-
günstigt den Obstbau, dessen Erzeugnisse in flüssiger Form zu Edel-
brand verarbeitet werden. Nach der anstrengenden „Bergetappe"
empfiehlt sich die Übernachtung in Grins. Die nächsten Beherber-
gungsbetriebe befinden sich erst in Flirsch beziehungsweise Pettneu.
Tourismus Tirolwest (Tel.: 05442-65600).

Wegverlauf

Beim Bahnhof Imsterau/Imsterberg (725 m) bei der Kapelle zu den 14 Nothelfern in unmittelbarer Nähe des Gasthofs Alpenrose beginnt der heutige Abschnitt. Zuerst wandern wir auf einem schmalen Fußweg entlang der Eisenbahn, der dann beim Weiler Ried nach links an den Waldrand führt. Ein steiler und bei Regen sehr rutschiger Waldweg steigt linker Hand zur Kirche St.Vigil (885 m) in Obsaurs an. Weiter geht es, den Serpentinen der Straße folgend, bergauf nach Westen und dann etwas bergab, durch ein Gehöft in den Wald – am Anfang leicht bergauf, dann steil. Wir überqueren auf

Entlang der Bahn in Imsterau

einem schmalen Steg die Kronburger Schlucht hinauf zur Einsattelung der Wallfahrtskirche Kronburg. Der weitere Wegverlauf führt über Rifenal (980 m), dem höchsten Punkt, dann steil bergab in den Ort Zams (730 m). Vorbei am Krankenhaus und der Klosteranlage St. Vinzenz befindet sich im Ortszentrum die nach einem Brand im neugotischen Stil erbaute Kirche, mit der Besonderheit eines frei stehenden Kirchturms. (Variante: Wer sich die Kronburg, vor allem den steilen An- und Abstieg ersparen möchte, kann im Inntal am Inntalradweg durch Wiesen eben weiterwandern, um in Zams wieder auf den Jakobsweg zu treffen.) Vom Kirchturm wieder zurück in Richtung Inn, der hier das letzte Mal auf einer Autobrücke überquert wird. Links weiter am Radweg, nach 500 Metern zweigt rechts steil ansteigend ein Waldweg ab (markiert als „Pfaffenweg"), der dann vor Grins (1.006 m) auf eine asphaltierte Straße mündet. Vorbei an dem Geburtshaus des berühmten Barockbaumeisters Jakob Prandtauer erreichen wir die Kirche und das im Ortszentrum gelegene Gasthaus. Leider gibt es hier nur Verpflegung.

Blick zurück auf Zams

Grins → St. Anton
26 km in 6 – 7 Stunden

Charakter der Etappe

Von Grins führt der Jakobsweg immer leicht ansteigend zumeist auf den bereits von den Römern benutzten und bereits von ihnen angelegten Wegen bis zum Skisportort St. Anton. Immer leicht ansteigend, aber ohne große, steile An- und Abstiege wandern wir in Richtung Arlberg. Der erste Abschnitt von Grins führt uns zuerst entlang der rechten Bergflanke und steilen Bergwiesen auf einem Kreuzweg zur Lärchkapelle und von dort auf einem weiteren Kreuzweg, jetzt bergab, über Strengen durch Gehöfte und Weiler und auf schmalen Waldwegen nach Flirsch. Hier führt der Jakobsweg, linker Hand der Rosanna und der Arlbergbahn entlang nach Pettneu. (Eine Variante wäre am rechten Hang zu bleiben und über Schnann nach Pettneu zu gehen.) Über den Ortsteil Gand und St. Jakob mit einer schönen, dem hl. Jakobus geweihten Kirche erreichen wir St. Anton. Sehenswert ist die barocke Kirche, die gefühlvoll modernisiert wurde. Dieser durch den Wintersport und die Ski-WM bekannte Ort bietet auch im Sommer mit den Bergbahnen Wandermöglichkeiten und eignet sich gut als Übernachtungsort vor der Überquerung des Arlbergpasses.

Der weitere Wegverlauf wird am nächsten Tag den höchsten Punkt des gesamten Jakobsweges oberhalb der Passhöhe von St. Christoph erreichen und dort das Bundesland Tirol in Richtung Vorarlberg verlassen.

Unmittelbar am Ortseingang von St. Anton befindet sich die Tourismusinformation bei einem Café und einem großen Parkplatz (Info-Tel.: 05446-22690).

Wegverlauf

In Grins (1.006 m) beginnt der Jakobsweg bei der Pfarrkirche und überquert einen kleinen Bach auf einer Brücke aus dem 16. Jahrhundert. Weiter geht es auf der asphaltierten Straße in Richtung Pians. Dann rechter Hand Abzweigung auf einen Forstweg mit Kreuzwegstationen zur sogenannten Lärchkapelle. Weiter bergauf und auf einem schmalen Steig einen vermurten Hang querend, gelangen wir auf einem weiteren Kreuzweg bergab nach Strengen. Auf Asphalt und Feldwegen wandern wir vorbei an Lawinenabsperrungen und durch eine Schlucht bergauf nach Verill (1.260 m). Dann abfallend auf Asphalt und wieder auf Feldwegen am als „Römerweg" bezeichneten Weg erreichen wir kurz vor Flirsch (1.154 m) die Bundesstraße. Rechts abbiegen ins Zentrum, vorbei am Gemeindehaus, leicht ansteigend durch das Ortsgebiet. Hier teilt sich der Jakobsweg. Entweder rechter Hand am Ortsende auf einer Forststraße und dann nach Westen über Schnann (1.186 m) nach Pettneu (1.225 m). Diese Route ist in der Karte eingezeichnet. (Variante: Am Ortsende von Flirsch linker Hand in Richtung Rosanna abzweigen, den Fluss queren und entlang der Arlbergbahnstrecke am „Rosannaweg" flussaufwärts. Immer entlang der Rosanna, der Arlbergbahn und der Schnellstraße ansteigend. Bei einer Fußgängerbrücke wieder über die Rosanna ans rechte Ufer und durch Wiesen in den Ort Pettneu. Hier vereinigen sich die beiden Wegvarianten wieder.) Weiter durch aufgelockertes Siedlungsgebiet nach Westen durch den Ortsteil Gand und auf der asphaltierten Straße nach St. Jakob (1.297 m) und weiter nach St. Anton (1.274 m).

Vorarlberg

St. Anton → Klösterle
22 km in 6–7 Stunden

Charakter der Etappe

Heute führt der Jakobsweg – gewissermaßen als krönende Bergetappe – über den höchsten Punkt des gesamten Jakobsweges über den Arlbergpass nach Klösterle in Vorarlberg. Der Weg führt uns, schönes Wetter vorausgesetzt, am Ortsende von St. Anton am monumentalen Bahnhof vorbei, der für die Ski-WM 2001 errichtet wurde, und weiter durch die Rosannaschlucht auf einem schmalen, wunderschön angelegten Steig, mit Seilversicherungen an kritischen Stellen, bergauf. Der Übergang über den Arlberg durch die Rosannaschlucht ist nur bei guten Wetterbedingungen zu empfehlen. Es ist zwar keine Hochgebirgswanderung, aber die Felstritte sind bei Regen an einigen Stellen doch sehr rutschig. (Varianten: Sie können auch über die Arlbergstraße den Aufstieg nehmen und erst bei der Hälfte des Aufstiegs einsteigen oder gleich mit dem Bus bis nach St. Christoph fahren.) Durch Latschen erreichen wir auf schmalen Pfaden, vorbei an der Stiegeneckkapelle, einmal die Arlbergstraße querend, die Baumgrenze und den Maiensee. Hier befindet sich auf 1.865 Metern Seehöhe der höchste Punkt des gesamten Jakobsweges, der durch ein Denkmal kenntlich gemacht ist. Neben dem Denkmal befindet sich eine große Jakobsfahne. Der weitere Verlauf führt etwas bergab nach St. Christoph mit seinem bekannten Hospiz und zur Passhöhe des Arlbergpasses. 1386 gründete Heinrich Findelkind eine Kapelle mit Unterkunft. Diese St.-Christoph-Bruderschaft ist heute eine international tätige karitative Organisation und bietet Pilgern vergünstigte Unterkunftsmöglichkeiten und ein Pilgermenü. Achten Sie darauf, dass nicht wegen Renovierung geschlossen ist. Im Gasthof Valluga kann man einen „Arlbergstein" mit eingravierter Höhenangabe und Jakobswegzeichen mitnehmen. Falls Sie den Stein mitschleppen möchten, ist das ein schönes Andenken an den höchsten Punkt der Pilgerreise. Zuerst auf der

Am Arlberg

Blick auf St. Christoph am Arlberg

Straße, dann auf alten Wegabschnitten verlässt hier der Jakobsweg das Bundesland Tirol und führt als Teil des „Arlbergweges" in Vorarlberg in das Klostertal bergab nach Stuben. Tolle Ausblicke zurück auf die Flexenstraße und das Arlbergmassiv entschädigen uns für den schweißtreibenden Anstieg. Über Stuben erreichen wir auf einem schön angelegten Wanderweg entlang des Baches den Ort Langen, wo wir von der rechten auf die linke Talseite wechseln. Entlang der alten Bahnstrecke erreichen wir den Ort Klösterle (Tourismusbüro, Tel.: 0558-2777). Die kleinen Orte entlang des Arlbergweges sind mit Ferienwohnungen und Fremdenzimmer eher auf Wintertourismus ausgerichtet, die Hotels haben leider in der Wanderzeit zumeist geschlossen.

Wegverlauf

Die Bergetappe über den Arlbergpass beginnt in St. Anton, vom Zentrum kommend nördlich der Rendlbahn. Den Wegweisern „Rosannaschlucht" folgen wir dem Fluss aufwärts zuerst auf einem breiteren Weg, dann rechter Hand auf einem Waldsteig durch die Rosannaschlucht. Die schwierigsten und rutschigsten Passagen sind mit einem Stahlseil gesichert. Bei einer Asphaltstraße rechts der Straße entlang und dann links zur Stiegeneckkapelle abzweigen. An dieser vorbei durch Wald, Latschen und ein Hochmoor überqueren wir die Arlberg-Passstraße. Wir passieren ein Denkmal für den Skipionier Othmar Schneider und erreichen über den „Maienweg" den Maiensee (1.865

Höchster Punkt des Jakobsweges

m) und damit den höchsten Punkt des Jakobsweges. Durch die Almwiesen steigen wir nach St. Christoph ab, vorbei am Hospiz zur Arlberg-Passhöhe (1.793 m). Auf der Straße bergab erreichen wir das Bundesland Vorarlberg, zweigen rechter Hand auf die alte Straße ab, überqueren bei einer Raststätte die vielbefahrene Albergstraße und zweigen nach links auf die „alte Arlbergstraße" ab. Dann wandern wir auf einem Fußweg hinunter zum Rauzbach und diesem folgend in den Ort Stuben. Weiter führt der „Arlbergweg" – hier gleichzeitig Jakobsweg – mit kleinen Zusatzmarkierungen entlang des Baches bis nach Langen am Arlberg (1.220 m). In Langen quert der Weg die Straße und führt weiter, jetzt auf der rechten Talseite, unterhalb der Bahntrasse talauswärts. Bei einem Viadukt der alten Bahntrasse führt uns ein steiler Weg bergab in den Ort Klösterle (1.070 m).

Das Tourismusbüro befindet sich gegenüber vom Sparmarkt. Der weitere Wegverlauf führt entweder wieder am Bach entlang, eben verlaufend auf dem Radweg talauswärts oder am rechten Bergrücken bis kurz vor Dalaas, wo sich die beiden Varianten wieder vereinen.

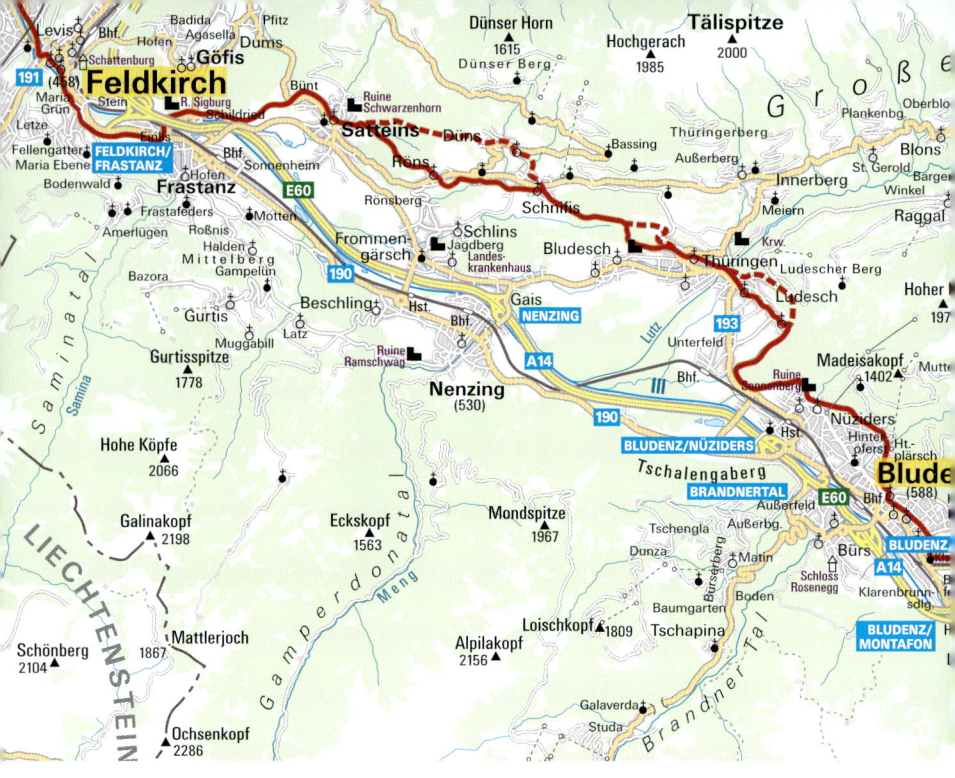

Klösterle → Bludenz
30 km in 7–8 Stunden

Charakter der Etappe

Die Etappe von Klösterle nach Bludenz führt uns durch das Klostertal talauswärts, umrahmt von wilden, steilen Bergen und vorbei an dem beeindruckenden Fallbach-Wasserfall. Wir wandern parallel zur Arlberg-Schnellstraße oder immer wieder auf Nebenstraßen, durch Waldstücke, entlang der Schotterbänke und der Auen der Alfenz bis in den historischen Ort Bludenz. Bedingt durch die Enge des Klostertales quert der Jakobsweg mehrfach den Fluss und hat einige An- und Abstiege, zumeist vorbei an Kirchen und Kapellen, was ziemlich anstrengend ist. In Radin, kurz vor Bludenz, führt der Jakobsweg noch einmal vorbei an einer kleinen gotischen Kirche steil bergauf in das Hochtal der Gasünd, um dann nach einem steilen Abstieg über Bings beim Dominikanerkloster St. Peter

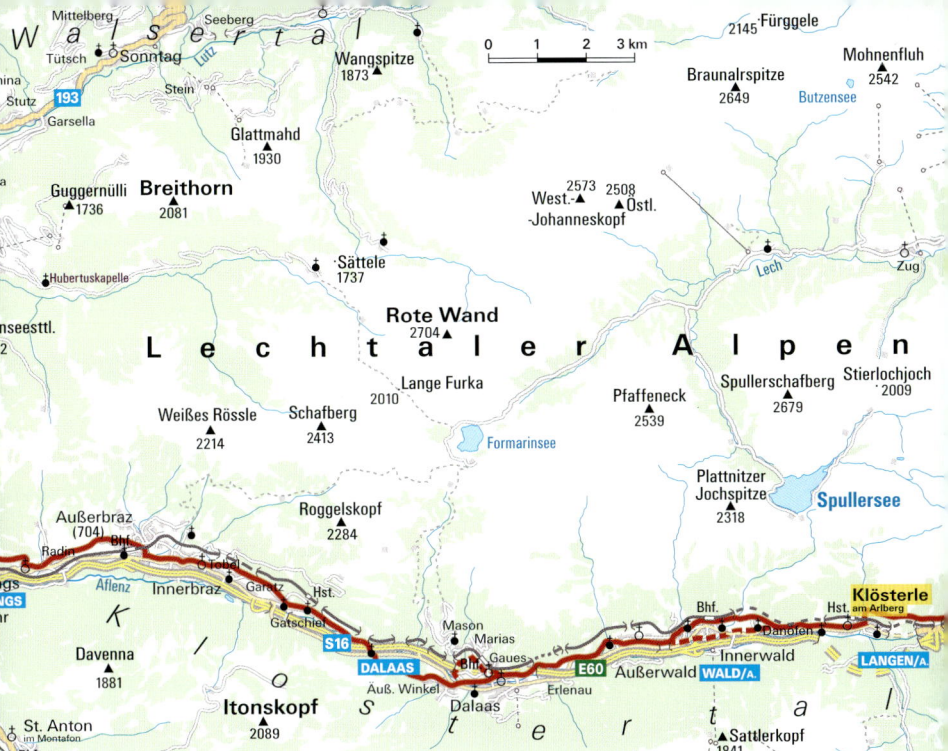

am Ortsbeginn von Bludenz wieder den Talgrund zu erreichen. Durch die langgezogene Industriezone, ursprünglich geprägt von der Textilindustrie, erreichen wir die schöne historische Altstadt mit der Touristeninformation direkt im Zentrum (Tel.: 05552-63621-790). Der weitere Wegverlauf in Richtung Feldkirch bietet zwei Varianten, einmal über Nüziders, wo es günstigere Übernachtungsmöglichkeiten gibt, oder im Zentrum von Bludenz südlich entlang der Eisenbahn in Richtung Feldkirch. Vor Ludesch vereinigen sich dann die beiden Wege wieder.

Wegverlauf

Vom Ortszentrum Klösterle (1.073 m) führt der Radweg entlang der Alfenz vorbei an einer Autobahn-Raststelle nach Dalaas. Der markierte Jakobsweg hingegen beginnt in Klösterle mit einem Aufstieg nach rechts hinauf zur alten Bahntrasse der Arlbergbahn und folgt dieser über die Orte Innerwald (1.100 m) und Außerwald

Hinweis auf eine Pilgerherberge

(965 m) nach Dalaas (850 m). Kurz vor Dalaas mündet auch der Radweg ein, wir kommen an einer Pilgerherberge vorbei, folgen der Markierung entlang des Wildzaunes über dem Dalaaser Tunnel und erreichen das Ortszentrum. Nach Sportplatz und Schwimmbad überqueren wir im Ortszentrum von Dalaas die Alfenz und steigen am Gegenhang durch ein Siedlungsgebiet, später auf Forststraßen, vorbei an einer Wildfütterung zum Fallbach-Wasserfall ab. Der 10-Minuten-Umweg zum Wasserfall ist lohnend, obwohl der Wasserfall am Weg noch einige Zeit gut sichtbar bleibt. Der Abstieg erfolgt durch den Wald, wir queren eine Straße und die Alfenz auf einem Steg. Bei einer kleinen Kapelle erreichen wir die Straße, die wir an einem Gittertor überqueren und durch Wiesen und Waldstücke wandern wir weiter nach Innerbraz (710 m). Weiter bringt uns der Weg nach Außerbraz (725 m) und dort nach dem Gasthof Traube steigen wir rechts zum Golfplatz auf, kommen durch eine Wiese und wandern unterhalb des Golfplatzes in Richtung Radin. Bei der kleinen gotischen Kapelle St. Leonhard gelangen wir auf einem steilen Weg aufwärts auf die Anhöhe Gasünd (800 m). An einem Teich entlang auf einem Wanderweg durch Wiesen, dann auf Schotter und Asphalt nach Bludenz. Direkt beim Kloster St. Peter vorbei (eventuell Übernachtungsmöglichkeit, nur bei Vorbuchung), führt unser Weg durch die Industrievororte von Bludenz unmittelbar ins Stadtzentrum. Der weitere Jakobswegverlauf teilt sich hier in einen Nord- und Südweg aus der Stadt hinaus. Nördlich führt der Jakobsweg über Nüziders weiter, im Süden entlang der Eisenbahn in Richtung Feldkirch.

Am Ziel: Feldkirch

Bludenz → Feldkirch
28 km in 7–8 Stunden

Charakter der Etappe

Der letzte Tag am Jakobsweg nach Feldkirch oder wahlweise nach Rankweil führt durch das breite Tal der Ill an der rechten Talseite über Ludesch, Thüringen, Schnifis und Satteins zu einer Weggabelung. Nördlich zweigt der Jakobsweg nach Rankweil und nach Westen hin in Richtung Feldkirch ab. Hier folgt der Jakobsweg den als „Walgauweg" ausgewiesenen, leider noch immer sehr kleinen Markierungen. Noch einmal steigen wir, nachdem wir Bludenz, Nüziders und Ludesch mit den Industriezonen hinter uns gelassen haben, vorbei am Naturdenkmal „Hängender Stein" – wenn

Blick von der Schattenburg auf Feldkirch

der Weg nicht gesperrt ist –, nach Schnifis hinauf. Vorbei an den Montjola-Wasserfällen wandern wir entlang des Walgauweges auf einem Hochplateau über dem Illtal nach Röns. Hier befindet sich eine der wichtigsten und wertvollsten Kirchen Vorarlbergs, St. Magnus, mit einem spätgotischen Flügelaltar und der Darstellung des hl. Jakobus als Pilger. Hinter Satteins teilt sich der Jakobsweg und führt talwärts ins Tal der Ill, durch die Illschlucht erreichen wir direkt das Zentrum von Feldkirch. Die Stadt wird überragt von der Schattenburg, die – gegründet von den Grafen von Montfort – lange Zeit als Verwaltungszentrum Vorarlbergs diente und heute ein sehenswertes Museum beherbergt. Die Stadt ist seit 1968 Bischofssitz, besitzt eine mittelalterliche Innenstadt mit Laubengängen, gut erhaltenen Türmen und Toren der Stadtbefestigung. Im Kapuzinerkloster in Richtung Bahnhof gibt es gegen Voranmeldung Pilgerunterkünfte (Tel.: 05522-722 46 0 oder Feldkirch Tourismus, Tel.: 05522-73467). Feldkirch ist ein günstig gelegener Bahn- und Verkehrsknotenpunkt. Hier bietet es sich an, die Pilgerreise zu beenden und mit der Bahn die Heimreise anzutreten. Lohnenswert ist neben der Besichtigung der Burg und der Altstadt ein Ausflug ins nahegelegene Liechtenstein. Der Jakobsweg findet in Feldkirch Anschluss an den Schweizer Jakobsweg, der über Liechtenstein und das Rheintal bis nach Maria Einsiedeln beziehungsweise nach Norden über Rorschach den Bodensee entlang nach Genf weiterführt.

Wegverlauf

Der Nordweg in Bludenz führt durch das Stadttor nördlich der Touristeninformation und folgt der Straße nach rechts in Richtung Nüziders. Immer leicht ansteigend verlassen wir Bludenz und erreichen nach rund 2 Kilometern den Ort Nüziders entlang der Straße

Rast bei Ludesch

am Gehsteig. Nach der Kirche zweigt der Jakobsweg rechter Hand in Richtung Naturdenkmal „Hängender Stein" ab, um dort wieder auf die Straße nach Ludesch zu treffen. Wenn dieser Weg gesperrt sein sollte, gleich auf der Straße nach Ludesch am Gehsteig bleiben. Nach dem „Hängenden Stein" zweigen wir am Kreisverkehr in den Ort Ludesch (540 m) ab und wandern hinauf zur am Berghang befindlichen Kirche St. Martin (590 m). Im Wald bewältigen wir einen kurzen steilen An- und Abstieg. Durch den Ort Ludesch gehen wir in Richtung Thüringen (565 m), vorbei an der Abzweigung zu den Montjola-Wasserfällen (ein kurzer lohnender Umweg), dann bergauf durch Wald. Wir wandern am Forstweg nach Schnifis (657 m) und durch Wiesen nach Röns (610 m). Dann bergab nach Satteins (495 m) und dann wieder ansteigend durch einen Wald auf eine Hochebene und bei einer Kreuzung am „Mühlboden" teilt sich der Jakobsweg, linker Hand nach Feldkirch und rechts nach Rankweil. Wir unterqueren nach dem Abstieg die Rheintal-Autobahn und erreichen wieder den Fluss Ill und die Eisenbahn. Durch die tief eingeschnittene Illtalschlucht, vorbei an einem Kraftwerk, erreichen wir direkt das Zentrum von Feldkirch (502 m) mit dem Dom.

Wichtige Informationen und Adressen

International üblich ist der Euro-Notruf 112, ohne Vorwahl jederzeit möglich, selbst wenn man sich in einem fremden Netz befindet.

Feuerwehr 122
Polizei 133
Rettung 144
Notruf der Bergrettung 140

Weitwandern und Pilgern sind zwar keine Extremsportarten, für die eine gesonderte Unfallversicherung abzuschließen ist, überlegenswert sind Reiseversicherungen dennoch. Unfallversicherungen über Schutzbriefe der Automobilklubs (ÖAMTC, ARBÖ) oder der alpinen Vereine (Alpenverein, Naturfreunde) inkludieren gewisse Leistungen. Damit sind bei Freizeitunfällen Berge- und Rettungskosten (Hubschrauber) zumeist gedeckt. Auch Kreditkarten bieten Schutz in unterschiedlicher Höhe und Umfang. Informieren Sie sich vor Antritt der Wanderung über den versicherten Leistungsumfang, damit Sie keine unliebsamen Überraschungen erleben.

Informationen zum Jakobsweg in Österreich

Pilgerpass

Sie können Ihren persönlichen Pilgerpass unter www.jakobsweg-wien.at im Internet gegen eine Spende bestellen. Oder Sie holen sich den Pass direkt in Wien am Stephansplatz Nr. 6 am Beginn der Pilgerreise im Pilgerbüro ab. Die Öffnungszeiten sind Montag bis Freitag von 11 bis 16 Uhr.

In Österreich ist für das Pilgern kein Pilgerpass notwendig, Sie erhalten natürlich auch keine Urkunde (Compostela). Die im Pilgerpass eingetragenen Stempel, die zumeist in den am Jakobsweg befindlichen Kirchen, Stiften und Klöstern erhältlich sind, stellen aber eine bleibende Erinnerung an den Jakobsweg dar.

Internetseiten

Es gibt eine Vielzahl an Internetseiten zum Thema „Pilgern auf den Jakobswegen". Einen guten Überblick über den gesamten Verlauf und die Zubringerrouten gibt die Seite www.caminosantiago.at. Hilfreich ist die Detailkarte des Jakobsweges durch Wien, welche unter www.jakobsweg-wien.at abrufbar ist und aufs Mobiltelefon heruntergeladen werden kann.

Leider gibt es noch keine App wie von den großen spanischen und portugiesischen Jakobswegen, die das Orientieren beim Pilgern sehr erleichtern.

Weitere Literatur

Christine u. Michael Hlatky: Pilgern für Einsteiger, Tipps und Eindrücke vom Portugiesischen Jakobsweg. Kral Verlag, Berndorf, 2019.

Peter Lindenthal: Auf dem Jakobsweg durch Österreich. Tyrolia Verlag, 3. Auflage, Innsbruck, 2002.

Roland Stadler: Pilgerwege in Österreich. Verlag Anton Pustet, Salzburg, 2019.

Rosemarie Stöckl-Pexa, Marcus Stöckl: Jakobswege Österreich. Rother Wanderführer, 1. Auflage, München, 2016.

Bildnachweis

Shutterstock.com: AdrianNunez 13, Andrzej Puchta 147, canadastock 100, EM Arts 34, Formatoriginal 18, Fototocam 37, Gena Melendrez 10, gubernat 29, Joaquin Ossorio Castillo 22, Karl Allen Lugmayer 78, Kris Black.jpg 38, LianeM 64, Lilkin 36, New Africa.jpg 40, Rudy Balasko 126, S.Borisov 42, xsmirnovx 94, yul38885 37

Hans Koberger/commons.wikimedia.org (CC BY-SA 4.0) 75

Lowa 33

Alle anderen Fotos stammen von Christine und Michael Hlatky.

Karten: ARGE Kartografie

Die Autoren

Christine Hlatky

Arzthelferin und Autorin mehrerer Kochbücher. Gemeinsam mit ihrem Mann ist sie Co-Autorin von zehn Wanderführern z.B. *Bergwandern mit Hund*, *Wandern für Faule* und *Pilgern für Einsteiger: Tipps und Eindrücke vom Portugiesischen Jakobsweg*.

Mag. Michael Hlatky

   ist seit vielen Jahren in unterschiedlichsten Funktionen im Verlagswesen tätig – als Marketing- und Vertriebsleiter, Verleger, Autor und seit 2003 auch als selbstständiger Verlagsagent. Er hat zahlreiche Bücher zum Thema „Bier" und zu gesundheitlichen Themen sowie zehn Wanderführer verfasst. Zuletzt: *Pilgern für Einsteiger: Tipps und Eindrücke vom Portugiesischen Jakobsweg*.
www.wandern-mit-hund.tips, www.verlagsagentur-hlatky.com

Mehr zum Thema „Pilgern" im Verlag Anton Pustet

Roland Stadler
Pilgerwege in Österreich

248 Seiten
durchgehend farbig bebildert
13,5 x 21,5 cm
französische Broschur,
mit großer Karte zum Entnehmen
ISBN 978-3-7025-0924-8
€ 24,–

Verein Mühlviertler Granitland (Hg.)
Christian Huber
Granitpilgern
Wegbegleiter im Oberen Mühlviertel

96 Seiten
mit ausklappbarer Wanderkarte
12 x 17,5 cm
Softcover
ISBN 978-3-7025-0996-5
€ 18,–

Birgit Kaltenböck

Cammino delle Pievi
Der Taufkirchenweg in Friaul

256 Seiten
durchgehend farbig bebildert
13,5 x 21,5 cm
französische Broschur
ISBN 978-3-7025-1008-4
€ 22,–

WOHIN FÜHRT DEIN WEG?

LOWA
simply more...

BASED IN BAVARIA
MADE IN EUROPE
QUALITY SINCE 1923

MAURIA GTX Ws | Trekking #ForTheNextStep